Joachim Joe Scholz

„Haben wir die Jugend, so haben wir die Zukunft“

Bildungs- und kulturgeschichtliche Beiträge für Berlin und Brandenburg

Band 3

herausgegeben von

Knut Kiesant, Wolfgang Neugebauer, Hanno Schmitt,
Heinz-Elmar Tenorth, Frank Tosch

Joachim Joe Scholz

„Haben wir die Jugend, so haben wir die Zukunft“

Die Obstbausiedlung Eden/Oranienburg als alternatives Gesellschafts- und Erziehungsmodell (1893-1936)

WEIDLER Buchverlag

ISBN 978-3-89693-217-4

Herstellung durch Frank & Timme GmbH
Wittelsbacherstraße 27a, 10707 Berlin
info@frank-timme.de

www.weidler-verlag.de

Inhalt

1. Einleitung

1.1 Thema und Untersuchungsgang der Arbeit

Die im Jahre 1893 ins Leben gerufene „Vegetarische Obstbausiedlung Eden“ bei Oranienburg, das wohl prominenteste Beispiel einer im Kontext der deutschen Siedlungsbewegung vorgenommenen Koloniegründung, war zugleich ein äußerst vielschichtiges und facettenreiches Lebensreformprojekt. Als bodenreformerische Genossenschaft besteht die Kolonie noch heute, doch gerade die ersten vier Jahrzehnte der Geschichte Edens legen Zeugnis über lebensreformerische Initiativen ab, die in dieser Bandbreite ihresgleichen suchen: Der Vegetarismus als Gründungsmotiv der Kolonie, Ernährungsreform, Bodenreform, Kleidungsreform, Antialkoholismus sowie eine wirtschaftlich erfolgreiche genossenschaftliche Betriebsführung zeichneten Eden gerade im Vergleich mit anderen Siedlungsprojekten in besonderer Weise aus. Aus diesem Grunde sind diese Charakteristika des Kolonielebens bereits in verschiedenen Arbeiten mit unterschiedlichem Erkenntnisinteresse untersucht worden.[1]

Gleichwohl liegt eine umfassende Studie mit bildungsgeschichtlicher Fragestellung noch nicht vor. Auch die Arbeiten von Judith Baumgartner und die Dissertation von Christian Böttger sind auf das pädagogische Umfeld Edens nur am Rande eingegangen. Fragt man jedoch nach der Bedeutung Edens auf pädagogischem Gebiet, ist zwar zunächst festzustellen, dass die Kolonie keine herausragende Pionierstellung innerhalb der Reformpädagogik einnimmt.[2] Andererseits ist aber nicht von der Hand zu weisen, dass in dem lebensreformerischen Modellprojekt Eden von der Reformpädagogik inspirierte Fragen zur Erziehung des Nachwuchses eine sehr wichtige Rolle gespielt haben. Die permanente Sorge um Reproduktion und Weitergabe der Edener Errungenschaften und ein

1 Vgl. BÖTTGER: Zum Leben in den genossenschaftlichen Siedlungen „Eden“ und „Falkenberg“ vom Beginn ihres Bestehens bis 1933. Eine vergleichende volkskundliche Untersuchung der Lebensweise und Kultur von Bewohnern zweier Siedlungen im Berliner Raum. (Manuskript) Berlin 1993; BAUMGARTNER: Ernährungsreform – Antwort auf Industrialisierung und Ernährungswandel. Ernährungsreform als Teil der Lebensreformbewegung am Beispiel der Siedlung und des Unternehmens Eden seit 1893. Frankfurt am Main 1992; SEGERT, ZIERKE: Auf der Suche nach Eden. Die lebensreformerische Genossenschaft Eden an der Schwelle zum 21. Jahrhundert. Darmstadt, Frankfurt am Main, New York 2001.

2 Vgl. BAUMGARTNER: Ernährungsreform, S. 173.

starkes Interesse am gesinnungsmäßigen Schicksal der eigenen, aber auch aufgenommener fremder Kinder gehörten zum Wesen der Edener Kolonie und prägten ihr Selbstbild. Deshalb begegnet man dem Leitspruch „Haben wir die Jugend, so haben wir die Zukunft“ in den Edener Schriften zu Erziehungsfragen häufig.[3]

In dieser Arbeit soll die Frage nach der pädagogischen Gestalt Edens im Mittelpunkt stehen. Beginnend mit einer Kurzanalyse des historischen Umfeldes, wird im ersten Kapitel die Charakterisierung des Phänomens Lebensreform vorgenommen. In die Geschichte der Kolonie Eden wird in Kapitel 2 eingeführt. Ich schildere den Werdegang der Obstbausiedlung unter besonderer Beachtung derjenigen Wesensmerkmale, die als Ursachen der erfolgreichen Gründungsgeschichte zu gelten haben.

Bevor ich mich in einem Folgeschritt dem Feld von Erziehung und Bildung zuwende, will ich der Frage nachgehen, welches die besonderen Merkmale einer lebensreformerischen Erziehung sind. Mit diesem im dritten Kapitel erstellten theoretischen Rahmen gehe ich dann auf das Edener Erziehungswesen ein. Der Untersuchungsgang der Arbeit ist im Hauptteil am Umfang der vorgefundenen Quellen orientiert. Schwerpunktmäßig befasse ich mich mit der Geschichte der Edener Schule von 1897 bis 1936, behandle aber auch ausführlich die Edener Wandervogelgruppe, das Vegetarische Kinderheim und die Fortbildungseinrichtungen der Kolonie. Der Beschreibung des genossenschaftlich institutionalisierten Bereiches schließt sich ein kurzer Abriss der Besonderheiten familiärer Erziehung in Eden an. Zum Schluss beantworte ich die Frage nach dem Stellenwert von Bildung und Erziehung in der Edener Siedlungsstruktur und fasse die Merkmale der in Eden praktizierten Pädagogik zusammenfassen.

1.2 Quellen und Literatur

Die Quellenlage der vorliegenden Studie ist ausgezeichnet. Zum einen sind gerade in der letzten Dekade mehrere Studien über Eden im Druck erschienen. Die Beachtung, die Eden besonders in den letzten Jahren von wissenschaftlicher Seite fand, ist neben der Tatsache, dass die Siedlung 1993 ihr einhundertjähriges Bestehen feierte, vorrangig dem Umstand geschuldet, dass erst mit der politischen Öffnung der DDR seit Mitte der achtziger Jahre das Feld für volkskundliche und bildungsge-

3 In den Edener Schriften zu Erziehungsfragen ist „Haben wir die Jugend, so haben wir die Zukunft“ eine viel gebrauchte Wendung. – Vgl. etwa JACKISCH, Otto: Aufruf für das vegetarische Kinderheim. In: Edener Mitteilungen. 4(1909), S. 19.

schichtliche Forschungen zur Lebensreformbewegung geöffnet wurde.[4] Zu den seither entstandenen größeren Arbeiten über Eden gehören die größeren Arbeiten Judith Baumgartners „Ernährungsreform – Antwort auf Industrialisierung und Ernährungswandel“ und Christian Böttgers „Zum Leben in den genossenschaftlichen Siedlungen ‚Eden‘ und ‚Falkenberg‘ vom Beginn ihres Bestehens bis 1933“. Ein Teil des Buches „Zurück o Mensch zur Mutter Erde“ von Ulrich Linse behandelt ebenfalls die Obstbausiedlung Eden.

Aber auch zahlreiche in Oranienburg, Potsdam und Berlin verwahrte und bisher noch nicht ausgewertete Archivalien gestatten einen guten Einblick in die Edener Lebenswirklichkeit. Zur Sammlung des Edener Archivs[5] gehört das für den Zeitraum von 1905 bis 1939 beinahe lückenlos vorhandene Publikationsorgan der Siedlung, die „Edener Mitteilungen“. Umfangreiches Aktenmaterial zur Schulgeschichte befindet sich im Brandenburgischen Landeshauptarchiv in Potsdam und im Stadtarchiv Oranienburg. Bisher noch unbeachtet sind Quellen aus dem Nachlass des Schulreformers Berthold Otto, der zu Anfang des Jahrhunderts mit dem Edener Lehrer Otto Kohnert (1875-1916) in Briefkontakt stand. Die noch unsortierten Bestände lagern in der Bibliothek für Bildungsgeschichtliche Forschung in Berlin.

---

4 Vgl. BÖTTGER: „Eden“ und „Falkenberg“, S. 9.

5 Das Edener Archiv ist in einem Nebenraum der „Eden“-Ausstellung im ehemaligen Obstverwertungsbetrieb untergebracht. Es sammelt Quellen und Literatur zur Siedlungsgeschichte, aber auch Sekundärliteratur zur Thematik Boden-, Wirtschafts- und Sozialreform (Auskunft von Robert und Sabine Schurmann, Archivbetreuung in Eden).

2. Die Lebensreformbewegung

2.1 Hintergründe: Industrialisierung und Urbanisierung in Deutschland am Ausgang des 19. Jahrhunderts

„Hie und da bekomme ich leichte, oberflächliche Übelkeiten, wenn ich, meistens allerdings in einiger Entfernung, diese gänzlich Nackten langsam zwischen den Bäumen sich vorbeibewegen sehe. Ihr Laufen macht es nicht besser. Jetzt ist an meiner Tür ein ganz fremder Nackter stehengeblieben und hat mich langsam und freundlich gefragt, ob ich hier in meinem Hause wohne, woran doch kein Zweifel ist. Sie kommen auch so unhörbar heran. Plötzlich steht einer da, man weiß nicht, woher er gekommen ist. Auch alte Herren, die nackt über Heuhaufen springen, gefallen mir nicht."[6]

Dieses von Franz Kafka im Jahre 1912 gezeichnete Bild des Lebensreformers, der sich nackt oder in lange Gewänder gekleidet, bärtig und mit wallendem Haar präsentiert, erscheint – damals wie heute – unzeitgemäß und exotisch. Es passt so gar nicht zum Selbstverständnis des zivilisatorisch und technisch hochgerüsteten Deutschland im Wilhelminischen Zeitalter. Und doch ist die Lebensreformbewegung vorrangig ein Resultat der sozialen und industriellen Problematik jener Epoche. Wer sich mit ihr beschäftigt, darf die wesentlichen gesellschaftlichen, wirtschaftlichen und demografischen Entwicklungslinien in der Zeit ihres Entstehens nicht unberücksichtigt lassen.

Das 19. Jahrhundert war in Deutschland eine Zeit tiefgreifender Veränderungen.[7] Abgesehen vom politischen Einigungsprozess war es vor allem der sozioökonomische Wandel, der im Zuge der Industriellen Revolution die Welt aus den Fugen zu bringen schien. Das Zwillingsphänomen aus Industrialisierung und Urbanisierung gilt daher bis heute als das epochale Ereignis dieser Zeit.[8] Der sich seit den 30er Jahren des 19. Jahrhunderts verspätet aber radikal vollziehende tiefgreifende ökonomische Wandel zog auch nichtgekannte demografische und kulturelle Veränderungen nach sich. Die Bevölkerungszahl Deutschlands hatte sich in der zweiten Hälfte des 19. Jahrhunderts infolge der optimierten Versor-

---

6 Aus einem Eintrag Franz Kafkas in sein Reisetagebuch, das er 1912 während eines Aufenthaltes in der Naturheilanstalt Jungborn im Harz führte (KAFKA: Tagebücher 1910-1923, S. 490).

7 Die historischen Darlegungen dieses Unterkapitels folgen, wenn nicht anders vermerkt, den Ausführungen Thomas Nipperdeys in: Deutsche Geschichte 1800-1866, S. 178-209 (Industrialisierung) und Deutsche Geschichte 1866-1918, Bd. I, S. 125-191 (Das tägliche Leben).

8 Vgl. NIPPERDEY, Deutsche Geschichte 1800-1866, S. 178.

gung durch Intensitätssteigerungen in der Landwirtschaft[9] und der verbesserten medizinischen Bedingungen fast verdoppelt. Entscheidend ist darüber hinaus ihre räumliche Konzentration in den entstehenden urbanen Ballungsgebieten. Die rasch wachsenden industriellen Wirtschaftsbereiche verlangten nach Arbeitskräften. So wurde die Bevölkerung der ärmeren, insbesondere ostdeutschen Agrargebiete mobilisiert, in die entstehenden Großstädte zu ziehen. Die Sogwirkung der Großstädte wurde durch armutsbedingten Abwanderungsdruck auf die Landbevölkerung begünstigt und löste die größte Massenwanderung der deutschen Geschichte aus.[10] In einer erstaunlich geringen Zeitspanne – zwischen 1871 und 1910 – stieg die Zahl der Städte mit mehr als 100.000 Einwohnern von 8 auf 48.[11] Die Sozialstruktur wandelte sich in der zweiten Hälfte des 19. Jahrhunderts dergestalt, dass die vormals ständisch organisierte Gesellschaft in eine Klassengesellschaft überging. Diese besaß mit dem städtischen Industrieproletariat ein entscheidendes Merkmal. Eine genauere Betrachtung der Lebenswelt dieser neuen, zahlenmäßig bald ausgesprochen starken Bevölkerungsgruppe offenbart ein karges Bild. Die Löhne der zumeist ungelernten Arbeiter waren durch das Überangebot auf dem Arbeitsmarkt niedrig, der Arbeitstag hingegen lang und die Lebensbedingungen in den beengten Wohnverhältnissen der Ballungsgebiete bedrückend.[12] Im Elend der Mietskaserne fand die unbefriedigende Situation der Arbeiterschaft einen besonders krassen Ausdruck. Die hohe Nachfrage nach Wohnraum führte zu schnell steigenden Bodenpreisen, die Bauherren eine hohe Grundstücksauslastung nahelegten. So entstanden in kürzester Zeit die großen Mietskasernenviertel der Großstädte mit ihren verhältnismäßig kleinen und ungenügend beheizten Wohnungen. Die Überbelegung von Wohnraum war verbreitet und im proletarischen Milieu die Regel. 1880 lebten 9,1 Prozent der Berliner Bevölkerung noch in Kellerwohnungen von niedrigstem hygienischem Standard.[13] Wenn auch die Wohnungsnot an sich kein neues Phänomen darstellte, so war doch ihr konzentriertes Auftreten in den modernen Metropolen be-

---

9 Vgl. KRZYMOWSKI, Geschichte der Deutschen Landwirtschaft, S. 245-255.

10 Vgl. GEIßLER: Die Sozialstruktur Deutschlands, S. 30.

11 Vgl. ebda., S. 23-37.

12 Zum Prozess der Proletarisierung und Klassenbildung hat es bereits frühzeitig theoretische Analysen gegeben. Bis heute gilt Karl Marx' Klassentheorie in der Soziologie als klassisches Konzept der Ungleichheitsforschung (vgl. KRECKEL: Politische Soziologie der sozialen Ungleichheit, S. 52). Marx (1818-1883) und Friedrich Engels (1820-1895) betonten die ökonomischen Ursachen sozialer Ungleichheit und äußerten dabei fundamentale Kapitalismuskritik. Große zeitgenössische Wirkung hatte beispielsweise Engels' nicht ohne Blick auf deutsche Verhältnisse verfasstes Werk „Die Lage der arbeitenden Klassen in England" (1845).

13 Vgl. KRABBE: Gesellschaftsveränderung durch Lebensreform, S. 21.

sorgniserregend. Hinzu kommt, dass das plötzliche Wegbrechen eines jahrhundertealten Moralsystems ständisch-ländlicher Prägung auf weite Teile der urbanen Bevölkerung stark verunsichernd wirken musste.[14] Das dem modernen Industriearbeiter abverlangte Maß an Mobilität und Flexibilität, das heißt zum Beispiel die Forderung nach raschem Wohnortswechsel gemäß den regionalen Arbeitsmarktangeboten (das „Flottieren"), entsprach zumeist nicht den Gewohnheiten des traditionellen Lebensstils seiner Herkunftsfamilie. Die von Moralphilosophen und Sozialtheoretikern wie Ferdinand Tönnies (1855-1936) oder Emile Durkheim[15] festgestellten Diskrepanzen zwischen den festen moralischen Banden, die die vorindustrielle Gesellschaft zusammenhielten und den anomischen Zuständen der noch in Unordnung befindlichen modernen Welt verweisen auf das dazugehörende öffentliche Problemempfinden. Die Sorge um den Zustand der modernen Gesellschaft – vor allem entstanden aus neuen Formen von Armut, Elend und sozialer Ungleichheit – warf die um 1900 viel diskutierte „Soziale Frage" auf, der mit traditionellen Wegen von Armutsbekämpfung und karitativem Engagement gerade in den Städten nicht mehr beizukommen war. In der politischen Diskussion um mögliche Lösungsvorschläge konkurrierten verschiedene Positionen. Eine besondere Anziehungskraft besaß die erstarkende Sozialdemokratie, die es vermochte, die proletarischen Massen zu solidarisieren und deren marxistisch orientierter Flügel die Arbeiterschaft für den Gedanken revolutionärer Umgestaltung des kapitalistischen Systems zu begeistern versuchte. Hinter den staatlichen Maßnahmen zur Begegnung der Sozialen Frage stand daher nicht mehr nur die karitative Sorge um das Gemeinwohl, sondern angesichts sozialdemokratischer Erfolge auch die Furcht vor einer Revolution. Das Schlagwort der *Reform* stand bei den nicht revolutionär orientierten Zeitgenossen damit auf der Tagesordnung.

---

14 Diese Verunsicherung im gesellschaftlichen Modernisierungsprozess wurde ebenfalls bereits von Zeitgenossen erkannt. Im Werk des französischen Moralphilosophen und Soziologen Emile Durkheim (1858-1917) taucht sie beispielsweise im Begriff der „Anomie" auf (vgl. DURKHEIM: Arbeitsteilung); bei Marx und Engels ist sie Teilaspekt der „Entfremdung", die industrielle Arbeitsprozesse zeitigen (vgl. NIPPERDEY: Deutsche Geschichte 1800-1866, S. 394).

15 Vgl. TÖNNIES: Gemeinschaft und Gesellschaft und Durkheim: Über soziale Arbeitsteilung. – „Gemeinschaft und Gesellschaft" erschien 1887, Durkheims „Arbeitsteilung" 1893.

2.2 Begriff und Phänomen der Lebensreform

Deutschland wies am Ende des 19. Jahrhunderts ein breites Spektrum von Reformvorstellungen auf. Die Lebensreform, von der hier die Rede sein soll, umfasste nur einen Teil dessen, was seinerzeit mit dem Etikett „Reform" versehen wurde.[16] Sie gehört zum eher subkulturellen Feld alternativer Reformkonzepte, deren Vertreter sich in Gruppen ohne geschlossene Organisationsform Ausdruck verschafften.[17]

Wenn der Lebensreform darin eine besondere Rolle zukommt, so deshalb, weil einige der Alternativbewegungen sich eindeutig unter ihrem Dach subsumieren lassen. Zur Lebensreformbewegung gehört im engeren Sinne etwa ein halbes Dutzend reformerischer Strömungen. Das 1998 erschienene „Handbuch der Deutschen Reformbewegungen" zählt die Naturheilbewegung, die Kleidungsreform, die Freikörperkultur, die Ernährungsreform, den Vegetarismus und die Antialkoholbewegung auf.[18] Deren wichtigste Gemeinsamkeit besteht – bei grundsätzlich gesellschaftsreformerischem Anspruch – in der individualfokussierten Perspektive ihres Heilungsansatzes. Alternativ wird Lebensreform deshalb auch als Selbstreform bezeichnet. Ihre Verfechter, die davon ausgingen, dass die Gesundung der Gesellschaft nicht durch politische Parteien und soziale Revolution, sondern aus den Bemühungen des Individuums heraus erfolgen müsse, „privatisierten" gewissermaßen die Soziale Frage.[19] Trotzdem zählt man in einem weiteren Sinne auch solche Reformbewegungen zur Lebensreform, die sich zwar mit einer Definition von Lebens- als Selbstreform nicht decken, deren Gedankengut den Ideen der Lebensreformer aber in einem Maße entsprach, dass nichts gegen ihre Verortung in den

16 Seit dem Ende der gescheiterten 1848er Revolution war neue Bewegung in den alten Reformgedanken gekommen (vgl. WOLGAST: Reform, Reformation, S. 357). Innerhalb der bürgerlichen Gesellschaft, von den Liberalen bis zu den Christlich-Konservativen, bestand angesichts der sozialen Probleme weitgehende Einigkeit darüber, „daß jetzt der Staat handeln, große Reformen einleiten müsse, um Verschärfung der Klassengegensätze und Revolution zu vermeiden" (NIPPERDEY: Deutsche Geschichte 1866-1918, Bd. 1, S. 336). – Zudem öffnete sich im Verlauf des 19. Jahrhunderts der vormals den politischen Königsweg zwischen Erstarrung und Revolution bezeichnende Reformbegriff auch in nichtpolitische Bereiche des öffentlichen Lebens. Inhaltlich verwischt, war Reform am Ende des 19. Jahrhunderts zum Modewort geworden, das „mit allen nur denkbaren Bezügen verbunden" und „im Laufe der Entwicklung nahezu beliebig verwendbar" wurde (WOLGAST: Reform, Reformation, S. 360).

17 „Keine der erwähnten Bewegungen ist gegen die herrschende Ordnung gerichtet, keine ist dezidiert politisch" schreibt Ulrich Linse über die lebensreformerischen Strömungen (LINSE, Ökopax und Anarchie, S. 18).

18 Vgl. KERBS, REULECKE (Hg.): Handbuch der deutschen Reformbewegungen, S. 5.

19 Vgl. KRABBE: Gesellschaftsveränderung durch Lebensreform, S. 15.

Bereich „peripher lebensreformerischer Bestrebungen“[20] spricht. So schufen die Bodenreformbewegung und der Genossenschaftsgedanke das wirtschaftstheoretische Fundament für Lebensreformprojekte insbesondere im Siedlungsbereich.

Eine exakte Abgrenzung der verschiedenen Teilströmungen voneinander ist – nicht zuletzt aufgrund starker inhaltlicher und personeller Interdependenzen – kaum möglich. Allerdings lassen sich für die inhaltliche Charakterisierung der Lebensreformbewegung einige wesentliche Allgemeinaussagen treffen: Ihrem Selbstverständnis nach enthält Lebensreform den ursprünglichen, seit der Zeit der Spätantike ausgeprägten Sinngehalt von *Reform*. Ganz allgemein meint sie die Abkehr vom im Verfall begriffenen gesellschaftlichen Ist-Zustand, unter Beibehaltung dessen fördernswerter Teile und unter Rückbezug auf eine positive Vorvergangenheit als wertstiftendes Moment.[21]

Wie sah dies nun konkret aus? Zuerst ist wohl die Naturorientiertheit der Lebensreformer zu nennen, die mit einer weitgehenden Ablehnung der modernen Großstadt einherging. Für diese Tendenz ist die oben bereits behandelte zeittypische Problemlage maßgeblich. Und doch konnte man schon damals auf eine längere Tradition zurückblicken. Vor allem die Schriften Jean Jacques Rousseaus (1712-1778) haben die Lebensreformbewegung nachweislich beeinflusst.[22] In Rousseaus Werk manifestierte sich bereits der nahezu komplette Kanon lebensreformerischer Tugenden und Verhaltensmaximen, wie Naturverbundenheit, Stadtkritik und Bescheidenheit in der Lebensführung. In seiner Abhandlung „Über den Ursprung der Ungleichheit unter den Menschen“ prangert Rousseau beispielsweise die Ungerechtigkeiten an, die aus der Inbesitznahme des Bodens erwachsen.[23] Rousseau war jedoch nicht alleiniger Ausgangspunkt der lebensreformerischen Tradition. Der Vegetarismus aus ethischen Motiven beispielsweise lässt sich bis auf Pythagoras zurückverfolgen.[24] Doch

---

20 Ebda., S. 27.

21 Vgl. WOLGAST: Reform, Reformation, S. 313.

22 Vgl. BAUMGARTNER: Ernährungsreform, S. 21.

23 Das entsprechende Zitat lautet: „Der erste, der ein Stück Land eingezäunt hatte und dreist sagte: ‚Das ist mein‘ und so einfältige Leute fand, die das glaubten, wurde zum wahren Gründer der bürgerlichen Gesellschaft. Wie viele Verbrechen, Kriege, Morde, Leiden und Schrecken würde einer dem Menschengeschlecht erspart haben, hätte er die Pfähle herausgerissen oder den Graben zugeschüttet und seinesgleichen zugerufen: ‚Hört ja nicht auf diesen Betrüger. Ihr seid verloren, wenn ihr vergeßt, daß die Früchte allen gehören und die Erde keinem‘ ...“ (ROUSSEAU: Über den Ursprung der Ungleichheit unter den Menschen, S. 193. – Vgl. zur Vorgeschichte der Idee des Naturrechts und der Legitimation des Privateigentums MEDICK: Naturzustand und Naturgeschichte der bürgerlichen Gesellschaft; darin speziell Kapitel IV 3: Das Naturrecht auf Eigentum und das Eigentum am Naturrecht: „Property“, S. 75-97.

24 Vgl. BAUMGARTNER: Ernährungsreform, S. 93.

gerade aus Rousseaus Schriften über den Naturzustand der Menschheit, in dem Gleichheit herrschte und ein Leben in Einklang mit der Natur geführt wurde, ließ sich ein Goldenes Zeitalter erlesen, das frei von allem zivilisatorischen Übel gewesen war. Dieser Lesart Rousseaus folgend, waren die Lebensreformer der Überzeugung, der Mensch habe durch Abkehr von seiner ursprünglich natürlichen Lebensweise die gegenwärtigen Probleme selbst zu verantworten. Sie zogen daraus die Konsequenz, durch Umstellung der gesamten Lebensführung gemäß den Grundsätzen der Natürlichkeit und den Geboten körperlicher und seelischer Gesunderhaltung die Revision dieses „Sündenfalles" vorzunehmen.[25]

Wie gelangte nun lebensreformerisches Gedankengut zur praktischen Umsetzung? Vor dem Hintergrund der öffentlichen Diskussion um die Soziale Frage und einer breiten kulturkritischen Stimmungslage konnte die Lebensreform ein weit gefächertes Publikum erreichen. Vereinsgründungen und eine breite Publikationsflut reformerischer Ratgeberlektüre zeugen von einem Bedürfnis nach lebenspraktischen Empfehlungen, insbesondere in bürgerlichen Kreisen.[26] Als in den letzten beiden Jahrzehnten des 19. Jahrhunderts die Nachfrage nach naturnahen Lebensmitteln stieg, setzte die Ausbreitung eines neuen Geschäftszweiges, der Reformwarenwirtschaft, ein. In den Städten entstanden vegetarische Speisehäuser und die ersten Reformhäuser.[27]

Eine besonders konsequente Form, lebensreformerisches Bestreben zur Durchführung zu bringen, waren Siedlungs- und Kommunegründungen, die ab den achtziger Jahren des 19. Jahrhunderts einsetzten. In der Siedlungsbewegung fanden sich jene hoch motivierten Reformer zusammen, die sich die rasche und konkrete Verwirklichung der eigenen Weltanschauung zum Ziel gesetzt hatten. Die geschlossenen Strukturen der Siedlung, ihre „eigenständige wirtschaftliche, politische und geistige Einheit"[28], schienen die ideale Organisationsform darzustellen, modellhaft ein nach natürlicher Ordnung strukturiertes Leben zu führen. Zielsetzung und Motivation der Siedlungsbewegung stimmen im Wesentlichen mit denen der allgemeinen Lebensreform überein. Ein zusätzliches Merkmal

---

25 Vgl. KRABBE: Lebensreform. In: KERBS, REULECKE (Hg.): Handbuch der deutschen Reformbewegungen, S. 74.

26 Den ersten deutschen vegetarischen Verein, den „Verein für natürliche Lebensweise (Vegetarianer)" gründete Eduard Baltzer (1814-1887) im Jahre 1887. – Vgl. zum Wirken früher Vertreter des Vegetarismus BAUMGARTNER: Ernährungsreform, S. 94 f. – Vgl. auch FEUCHTER-SCHAWELKA: Siedlungs- und Landkommunebewegung. In: KERBS, REULECKE (Hg.): Handbuch der deutschen Reformbewegungen, S. 227 f.

27 Das erste Reformhaus gründete der Lebensreformer Karl Braun (1858-1943) im September 1887 in Berlin (vgl. BAUMGARTNER: Ernährungsreform, S. 115 f.).

28 LINSE (Hg.): Zurück o Mensch zur Mutter Erde, S. 9.

ist aber die Kollektivorientiertheit ihrer Anhängerschaft. So war es ein Hauptanliegen der Siedlungsbewegung, über die Bodenreform und das Genossenschaftsprinzip der moralischen Verwerflichkeit kapitalistischer Wirtschaftsweise eine gelebte Alternative entgegenzusetzen. Wirtschafts- und Umgangsformen sollten sich durch „Natürlichkeit, Wahrhaftigkeit und Echtheit“[29] auszeichnen. Diesen moralischen Intentionen der Siedler entsprach ein mitunter übersteigerter Gemeinschaftsgedanke mit weltablehnenden Tendenzen.[30] Ein Bestreben nach engem Zusammenhalt in der Absicht, „die Freundschaft sozial zu institutionalisieren“[31], wurde auch als Entgegnung auf den anonymen und vereinzelten Lebensstil der Großstadt artikuliert. So ist der Trend zum Siedeln auch wesentlich durch die Ablehnung der Großstadtzivilisation zu erklären. In der Großstadt offenbarte sich für den Lebensreformer wie an keinem anderen Ort das pathologische Moment der Gesellschaft:

> Daß die Großstädte glühende Molochs sind, die tagaus tagein mit lebenden Menschen gefüttert werden müssen, ist bekannt. Der Städter wird, je größer die Metropolen anschwellen, um so mehr aller natürlichen Bedingungen der Gesundheit beraubt. Seine Atmosphäre, seine Nahrungsmittel sind unrein und häufig genug geradezu giftig; das Sonnenlicht, der Urquell aller Lebenskraft, trifft ihn nur gebrochen und durch Rauchschwaden gedämpft; der unaufhörliche Lärm, die rastlos einstürmenden Erschütterungen aller seiner Sinne nagen zerstörend an seinem Mark und zerrütten seine Nerven: Nervenschwäche und Wahnsinn decimieren seine Reihen. So wird er ein unrastiger Gesell, ohne festen Halt im Leben, anheimgefallen jedem Betrüger und Betrogenen, der seine schnell entflammten Leidenschaften zu stacheln versteht.[32]

Die in der Literatur zur Lebensreformbewegung oft zitierte Charakterisierung des Soziologen und Genossenschaftstheoretikers Franz Oppenheimer (1861-1943) verweist auf ein weiteres zentrales Motiv für den Entschluss, auf dem Lande zu siedeln – die Erhaltung und Wiederherstellung der Gesundheit. Joachim Radkau hat herausgearbeitet, wie stark etwa das Phänomen der Neurasthenie die Öffentlichkeit erregte und die

---

29 KRABBE: Gesellschaftsveränderung durch Lebensreform, S. 36.

30 Vgl. LINSE: Zurück o Mensch zur Mutter Erde, S. 11-12. – Linse erklärt hier die Neigung der Landkommunebewegung zum Eskapismus mit dem Weberschen Terminus der „Brüderlichkeitsethik“, auf der der Zusammenhalt religiöser Gemeinschaften beruht, die aber zugleich den Abschluß nach außen erfordert. Ein bekanntes Beispiel ist die vegetarische Kolonie Monte Verità in Ascona mit ihrem bohème-anarchistischen Ansatz. Weitere Beispiele zitieren Hans Christian Harten und Corona Hepp (vgl. HARTEN: Neue Menschen, S. 223-240 und HEPP: Avantgarde, S. 76-82).

31 LINSE (Hg.): Zurück o Mensch zur Mutter Erde, S. 9.

32 OPPENHEIMER: Die Siedlungsgenossenschaft: Versuch einer positiven Überwindung des Kommunismus durch Lösung des Genossenschaftsproblems und der Agrarfrage. Leipzig 1896, S. 417 f.; zit. nach BÖTTGER: „Eden“ und „Falkenberg“, S. 28.

Diskussion um Fluch oder Segen des anbrechenden Industriezeitalters – insbesondere auch die Debatte um die moderne Großstadt – mitbestimmte.[33] Seine These, durch das Thema Nervosität wären die antiurbanen Reformbewegungen zu einem Höhepunkt ihrer Entwicklung gelangt, als die hygienischen und materiellen Defizite der Großstadt bereits hinter denen des Landes zurückgeblieben waren, ist insofern bemerkenswert, als dass sie auf die nichtmateriellen, wertorientierten Hintergründe der Lebensreformer verweist.[34] Man erkennt, dass die Sorge um gesundheitliche Belange keineswegs bloß auf die hygienischen Missstände der Unterschichten und damit auf diese Gruppen beschränkt blieb, sondern prinzipiell *jeder* davon erfasst werden konnte. Für den starken Rückhalt der Lebensreformbewegung in bürgerlichen Kreisen, der auf den ersten Blick angesichts der mitunter heftigen Kapitalismuskritik paradox und gegen die eigene Statusgrundlage gerichtet erscheint, lassen sich also durchaus Erklärungen finden. Siedeln aus ökonomischen Zwängen heraus war eher eine Seltenheit, viel häufiger ging man aufs Land, um „dem Hetzen und Jagen" der Großstädte zu entgehen.[35] Massenarmut und das Elend der Mietskaserne war den meisten Lebensreformern zwar eine abschreckende Kulisse und häufig auch ein apokalyptisches Zeichen, andererseits aber auch ein Zustand, mit dem die wenigsten von ihnen selbst Erfahrungen gemacht hatten. Die Angst des Bürgers vor dem eigenen Ruin ist noch immer etwas anderes als das tatsächliche Leid, dem der Proletarier unterworfen war. Letztlich ist das Bedürfnis nach Lebensreform also in erster Linie *aus einer Krise des Bewusstseins ableitbar*: Zu der kulturkritischen Mentalität vieler Zeitge-

---

33 Vgl. RADKAU: Das Zeitalter der Nervosität, S. 309-323.

34 Vgl. ebda., S. 311. – Solche Probleme des bürgerlichen, nichtproletarischen Lebens sind für die Lebensreform nicht weniger konstitutiv. Auch Corona Hepp verdeutlicht, dass nicht nur die soziale Frage in Betracht zu ziehen ist, wenn nach den Ursachen des Phänomens gefragt wird: „Hunger, Kälte, unhygienische Wohnverhältnisse und Arbeitsfron plagten die Armen, überschwere Mahlzeiten, Bewegungsmangel und enge Kleidung die Wohlhabenden, besonders die Frauen, die eingeschnürt in Korsetts, zugeknöpft vom Halsband bis zur Stiefelette, selbst in den Ferien mit Hut und Sonnenschirm bewehrt, kaum je einen Sonnenstrahl auf ihrer Haut fühlen durften" (HEPP: Avantgarde, S. 76.)

35 Die Lebensreform war keine Alternativkultur des Proletariats. Keine der in der Literatur erwähnten lebensreformerischen Landkommunen wurde von Arbeitern gegründet. „Der Vegetarismus ... war eine überwiegend von Repräsentanten des Mittelstandes getragene Bewegung mit einer leichten Betonung der unteren Mittelschicht" (KRABBE: Gesellschaftsveränderung durch Lebensreform, S. 140). – Vgl. auch Christian Böttgers Analyse der die Lebensreform tragenden Gruppen. Böttger ist einer der wenigen Autoren, die überhaupt materielle Motive für eine Hinwendung zur Lebensreform geltend machen. Er erklärt den starken Zustrom, den die Lebensreformbewegung aus Kreisen unsicherer Aufsteiger, meist Kleinbürgern agrarischer Herkunft, erhielt, über deren Abstiegsängste angesichts der sichtbaren Proletarisierung der Großstädte (vgl. BÖTTGER: „Eden" und „Falkenberg", S. 25 f.).

nossen gehörte eine sensible Wahrnehmung solcher typischer, das moderne Leben begleitenden Zeitphänomene, für die Schlagworte wie Entwurzelung, Vermassung, Zergliederung der Persönlichkeit, Reizfülle und Anonymität gefunden worden sind. Sie alle erzeugten das „Schreckbild der Vereisung des Lebens und der Welt“[36], vor dem mancher sich in der Idylle in Sicherheit zu bringen versuchte.

36 NIPPERDEY: Deutsche Geschichte 1866-1918, Bd. 1, S. 189.

3. Das Lebensreformprojekt „Obstbausiedlung Eden“

3.1 Zur Entstehung und anfänglichen Entwicklung Edens

„Lebenserneuerung durch Verwurzelung des Menschen mit der ihm gesicherten heimatlichen Scholle, Rückkehr zu schlichter, aber alle guten Regungen im Menschen befreiender Lebensweise, Wegfall der städtischen Gewohnheiten und Bedürfnisse, dafür Eintausch zahlreicher und wertvoller in der Natur und Arbeit gelegener Lebensreize waren es, die die in ihrer Art einzig dastehende Obstbau-Siedlung Eden mit ihren vielen hundert schmucken Eigenheimen und den vielen tausend Obstbäumen aus der vordem brachliegenden Sandwüste der Mark haben entstehen lassen.“[37]

Dieser Auszug aus einer anlässlich des 35jährigen Bestehens der Obstbau-Siedlung Eden gezogenen Bilanz präsentiert in verdichteter Form ein Bild von Werden und Wohlfahrt der Kolonie, wie es sich zur Zeit ihrer größten Blüte in zahlreichen Darstellungen in ähnlicher Form finden lässt. Ein stolzer und schwärmerischer Ton ist unverkennbar und färbt Berichte aus und über Eden bis heute. Die Kolonie Eden blickt in der Tat auf eine reiche Geschichte zurück und hat sich nach wie vor den Ruf bewahrt, eine der ersten und die einzige nicht gescheiterte lebensreformerische Siedlung Deutschlands zu sein.[38] Trotz ihrer Exklusivität ist die Entstehung Edens eingebunden in eine außer- und innereuropäische um die Jahrhundertwende besonders rege Siedlertätigkeit.[39] In Deutschland waren lebensreformerische Siedlungsgründungen zuerst eher eine Seltenheit. Ökonomische Erwägungen begünstigten den Trend, (zumeist vegetarische) Reformkolonien in Übersee zu gründen.[40] Die Bodenpreise dort standen in keinem Verhältnis zu denen hierzulande, so dass die

37 EBERDING: 35 Jahre Obstbau-Siedlung Eden. In: Biologische Heilkunst. 9(1928), Sonderabdruck ohne Seitenangaben.

38 Vgl. FEUCHTER-SCHAWELKA: Siedlungs- und Landkommunebewegung. In: KERBS, REULECKE (Hg.): Handbuch der deutschen Reformbewegungen, S. 237 und LINSE: Von „Nueva Germania“ nach „Eden“. In: Bauwelt. 83(1992), S. 2454.

39 Vgl. BAUMGARTNER: Ernährungsreform, S. 125.

40 Gegen Ende des 19. Jahrhunderts existierten mehrere Siedlungen deutscher Vegetarier in Chile, Neu-Mexiko, Kalifornien, Kansas usw. Die prominenteste unter ihnen war die von Bernhard Förster ins Leben gerufene Kolonie „Nueva Germania“ in Paraguay (vgl. LINSE: Von „Nueva Germania“ nach „Eden“. In: Bauwelt. 83[1992], S. 2453).

namhafte „Vegetarische Rundschau“[41] immer wieder den Fortgang vieler ihrer aktivsten Mitglieder beklagen musste.[42] Die Vorstöße, die unternommen wurden, um Vegetarier-Ansiedlungen auch in Deutschland zu errichten, konnten erst nennenswerte Erfolge erzielen, nachdem am 26. April 1886 das Preußische Staatsgesetz „betreffend die Beförderung deutscher Ansiedlungen in den Provinzen Posen und Westpreußen“ eine günstigere Ausgangslage schuf. Der Staat förderte durch Einrichtung eines Ankauffonds in Höhe von 100 Millionen, seit 1898 200 Millionen Mark, den Erwerb und die Besiedlung zunächst polnischer Rittergüter, „um einerseits die Kluft zwischen Arm und Reich durch eine Vermehrung des Mittelstandes künstlich zu überbrücken, andererseits das deutsche Element in jenen Gegenden zu stärken.“[43] Die in Raten tilgbaren Kredite schufen aber auch Lebensreformern erstmals die Möglichkeit, Landsiedlungsprojekte zu annehmbaren Konditionen zu verwirklichen. Zeitgleich entwickelten sich in Reformerkreisen allmählich Verwaltungsstrukturen, die Siedlungswilligen Hilfe und finanzielle Unterstützung boten. So entstanden Siedlerberatungsstellen, Rentenbanken und ein Netz von Ratgeber-Publikationen, wie zum Beispiel das „Archiv für innere Kolonisation“.[44] Später sollte die Obstbausiedlung Eden mit der Gründung eines lebensreformerischen Kreditinstitutes, der „Oranienburger Bau- und Kreditgesellschaft m.b.H.“ selbst einen gewichtigen Beitrag zur Forcierung von Reforminitiativen leisten.

Die Gründung der „Vegetarischen Obstbausiedlung Eden“ wird auf den 28. Mai 1893 datiert. An diesem Tag wurde auf Anregung des Lebensreformers und Vegetariers Bruno Wilhelmi (1865-1909) in einem vegetarischen Speisehaus in Berlin-Moabit die Gründungsversammlung einberufen, an der neben dem Kaufmann Wilhelmi siebzehn weitere Vegetarier teilnahmen. Sie waren den engagierten und tatversprechenden Aufrufen gefolgt, mit denen Wilhelmi seit September 1892 in Zeitschriften wie der Vegetarischen Rundschau seinem Ansinnen Ausdruck verliehen hatte, „etwa 10 Vegetarier, möglichst solche, die vom Obst- und Gemüsebau etwas verstehen“, zusammenzuführen, um „mit je 2000 Mk. barer Einlage eine Obstbau-Genossenschaft mit beschränkter Haftpflicht“ zu gründen, „welche es sich zur Aufgabe macht, naturgemässes Leben zu fördern durch Anlage von Obst- und Gemüseplantagen und

41 Die „Vegetarische Rundschau“ erschien seit 1881 als Nachfolgeblatt der „Berliner Blätter für natürliche Lebensweise“. Sie war das Vereinsblatt des Deutschen Vegetarierbundes.

42 Vgl. LINSE: Von „Nueva Germania“ nach „Eden“. In: Bauwelt. 83(1992), S. 2453.

43 Meyers Großes Konversations-Lexikon, Bd. 1, Leipzig und Wien 1907, S. 560.

44 Vgl. FEUCHTER-SCHAWELKA: Siedlungs- und Landkommunebewegung. In KERBS, REULECKE (Hg.): Handbuch der deutschen Reformbewegungen, S. 227.

Schaffung von ‚Heimgärten' für ihre Genossen."[45] Über den Kreis der Gründungsmitglieder hat bereits Judith Baumgartner geforscht.[46] Wo überhaupt noch recherchierbar, verweist deren Herkunft auf bürgerliche und kleinbürgerliche Lebenskreise. Es hatten sich an jenem Nachmittag neben einem Gärtner ein Jurist, ein Mediziner, ein Lehrer und zwei Kaufmänner im Speisehaus „Ceres" eingefunden. Sie wählten Vorstand und Aufsichtsrat und berieten die von Wilhelmi vorgelegten Satzungsentwürfe und Terrainpläne.[47] Man hatte bald darauf ein 150 Morgen großes Grundstück außerhalb des Stadtgebietes von Oranienburg erworben, aufgeteilt und ab 1894 mit der Besiedlung begonnen.[48] Das Land blieb genossenschaftliches Eigentum. Es wurde auf der Grundlage von Erbpachtverträgen verteilt; nur die darauf errichteten Gebäude waren Eigentum der Siedler.[49] Die bodenreformerische Handhabe der Erbpacht verbot jede Spekulation mit dem Grund und Boden.

3.2 Im Spannungsfeld von Idealismus und Wirtschaftlichkeit

So fundamental die Bedeutung einer konsequenten Durchsetzung der Bodenreform in Eden auch gewesen ist, zeigte sich alsbald, dass mit Idealismus und Bodenreform allein das Gelingen des Unternehmens nicht garantiert war. Zwar sind die Siedler durch ihren Anspruch, Eden „ohne irgendwelche öffentliche Mittel oder sonstige Beihilfen von außen, aus eigener Kraft, nach dem Rezept der genossenschaftlichen Selbsthilfe"[50] zu errichten, ungemein beflügelt worden. Für den Edener Pioniergeist, die Bereitschaft zu asketischer Selbstbescheidung und großer Risikobereitschaft unter den ersten Siedlern lassen sich zahlreiche Belege finden,[51] doch trotz allem war besonders in der ersten Phase des Bestehens der Kolonie der spätere Erfolg bei weitem noch nicht absehbar.

---

45 WILHELMI: Aufforderung und Plan zur Gründung einer Obstbau-Kolonie bei Berlin. In: Vegetarische Rundschau. Berlin 13(1893), S. 141 ff.; zit. nach BÖTTGER: „Eden" und „Falkenberg", S. 40.

46 Vgl. BAUMGARTNER: Ernährungsreform, S. 128 f., sowie ebda., Kapitel 3.1.4.: Die Sozialstruktur der Einwohner der Obstbausiedlung Eden, S. 147-151.

47 Vgl. ebda., S. 132.

48 Das Areal vergrößerte sich durch insgesamt fünf Landzukäufe bis 1919 auf fast 590 Morgen (vgl. BAUMGARTNER: Ernährungsreform, S. 136).

49 Das Erbpachtverhältnis wurde 1906 in Erbbaurecht umgewandelt. Über Gründe und Vorteile vgl. JACKISCH, Otto: Zur Einführung des Erbbaurechtes an Stelle des Erbpachtverhältnisses in „Eden". In: Edener Mitteilungen. 1(1906), S. 2-9.

50 BARTES: Eden, S. 50.

51 Vgl. vor allem BÖTTGER: „Eden" und „Falkenberg", S. 75 f.

Von Anbeginn erschwerend wirkten die mangelhaften Standortfaktoren des Areals. Gelegen in einer frostgefährdeten Senke mit extremen Winter- und Nachtfrösten, noch dazu auf unvorteilhaftem Sandboden, war das Edener Gelände für die Kultivierung von Edelobst denkbar ungünstig. Im Sommer war damit zu rechnen, dass Sandstürme die dünne fruchtbare Bodenschicht abtrugen. Die Grundwasserstände auf der ehemaligen Schafweide im Osten Edens waren zu tief, wohingegen nahe dem Oranienburger Kanal im Westen saisonale Überflutungen die Bodenbebauung erschwerten.[52]

Abb. 1: Geländebesichtigung (1894)

Abgesehen davon litt Eden in den Anfangsjahren an den typischen Problemen einer „Kopfgeburt". Viele der ersten Koloniebewohner rekrutierten sich aus Berliner Künstler- und Intellektuellenkreisen. Vegetarismus, Großstadtfeindlichkeit und Agrarromantik verbanden sie – ein harter, streng geregelter Alltag bäuerlicher Lebensweise war ihnen fremd. Franz Oppenheimer charakterisierte sie als „lauter sozusagen pflastermüde Städter, eine ganze Anzahl von Sonderlingen und Sektierern aller

52 Vgl. ebda., S. 42.

Art dazwischen; sie wollten ihre Existenz auf den Obstbau stellen, von dem kaum einer von ihnen die geringste Ahnung hatte."[53]

Anfängliche Schwierigkeiten des Projektes waren vorherzusehen. Um den Bestand Edens zu sichern, waren in der Folgezeit bisweilen personelle Konsequenzen und Einschnitte in den ideologischen Überbau notwendig – keineswegs eine Selbstverständlichkeit im Vegetarier-Milieu, wo lebensreformerische Prinzipientreue, das hieß häufig auch Verweigerung kapitalistischer Wirtschaftslogik, Richtschnur für viele war.

Stets hat Eden sich in einem Spannungsfeld zwischen Idealismus und wirtschaftlicher Rentabilität bewähren müssen. Insbesondere in den Anfangsjahren war der in Problemlagen eingeschlagene Kurs von großer Bedeutung. Dass sich Eden im Zweifelsfall häufig an praktischen Aspekten orientierte, kann heute, da man weiß, dass ökonomisches Scheitern eine der Hauptursachen für das Aus der meisten Siedlungen war,[54] als das Erfolgsrezept der Kolonie gelten. Hierbei ist vor allem auf zwei Entscheidungen aus der Personalpolitik der Genossenschaft hinzuweisen. Zum einen ist es die Absetzung des ersten Geschäftsführers und Eden-Initiators Bruno Wilhelmi. Durch taktische Fehlschläge und wirtschaftliches Ungeschick hatte er die Obstbaukolonie in den ersten Jahren an den Rand des Konkurses gesteuert. Die Missgunst der Edener hatte er auch deshalb auf sich gezogen, weil er als Geschäftsführer und Vorstandsvorsitzender selbst in Zeiten arger finanzieller Engpässe das einzige Festgehalt der Genossenschaft bezog. Erst nachdem Wilhelmi 1895 durch den Landwirt Carl Scheffler ersetzt wurde, begann eine Trendwende. Praktische Kenntnisse und wirtschaftliches Organisationsvermögen, das neben Scheffler nur wenige Edener besaßen, erwiesen sich als notwendig, um den Tatendrang der Siedler in die richtige Richtung zu lenken.[55]

---

53 OPPENHEIMER: Erlebtes, Erstrebtes, Erreichtes, S. 160. – Vgl. auch den Beitrag Otto Jackischs zum 25jährigen Bestehen der Kolonie, in dem er über die Schwierigkeiten der Gründungszeit berichtet: „Nicht weniger schwer ins Gewicht fiel die durchweg mangelnde Erfahrung und Eignung der ersten Siedler, die aus städtischen Verhältnissen kamen. Von den 18 Idealisten ... ist nur einer bis an das Ende seiner Tage der Sache treu geblieben, und der hat von Anfang an nicht die Absicht (auch nicht die körperlichen Kräfte) gehabt, selbst auf der Scholle mit Hand anzulegen. Die zähen, tatwilligen und vegetarisch-anspruchslosen Pioniere des Spatens und – der Verwaltungsstube ... mußten sich erst aus der Zahl der im Laufe der Jahre hinzutretenden Genossen ‚aussieben'" (JACKISCH, Otto: Die ersten „25" Jahre. In: Edener Mitteilungen. 13[1918], S. 19).

54 Vgl. FEUCHTER-SCHAWELKA: Siedlungs- und Landkommunebewegung. In: KERBS, REULECKE (Hg.): Handbuch der deutschen Reformbewegungen, S. 241.

55 Wilhelmi war nicht der einzige Inhaber einer Leitungsfunktion, der der Kolonie den Rücken kehren musste. In einem Artikel zur „Gründung und Entwicklung Edens" schreibt der Edener Genosse Oskar Mummert 1918: „Schon gleich am Anfang trat eines der Grundübel aller genossenschaftlichen Zusammenschlüsse, die lässige Mitarbeit mancher Genossen, so peinlich zu Tage, daß zwei der gewählten Aufsichtsratsmitglieder wegen

Als zweites wegweisendes Moment lässt sich die Satzungsänderung vom 25. Februar 1895 anführen, auf der die Forderung nach praktizierter vegetarischer Lebensführung als Aufnahmekriterium für Siedlungswillige abgeschafft wurde. Zu dieser Maßnahme entschloss man sich, da der Kreis der Vegetarier sich als zu klein erwiesen und man schlechte Erfahrungen damit gemacht hatte, dass in vielen Fällen lediglich dieses Auswahlkriterium zur Geltung gekommen war. Die satzungsmäßige Veränderung hatte übrigens auch eine Umbenennung der Siedlung zur Folge. Die „Vegetarische Obstbau-Kolonie Eden" hieß fortan nur noch „Obstbau-Kolonie Eden". Seitdem war es auch Nichtvegetariern erlaubt, hier zu siedeln.

Bei relativ konsequenter Einhaltung wichtiger lebensreformerischer Grundsätze erwies sich die Edener Betriebsführung schon bald als modern und effektiv. Dies galt zwar nicht für alle in Angriff genommenen Einrichtungen,[56] wohl aber für den Gartenbau und die Früchteverwertung. Das wirtschaftliche Standbein der Kolonie war der Obstanbau, der sich allmählich auszuzahlen begann. Dies war nicht nur eine Folge der mit zunehmendem Alter der Bäume ertragreicher werdenden Ernten, sondern in der Hauptsache das Resultat überdurchschnittlicher Anstrengungen und der Kreativität der Siedler. Wichtige diesbezügliche Maßnahmen waren:

- intensive Aus- und Weiterbildung der Siedler
  Diese besonders in den Anfangsjahren bedeutsame Maßnahme wurde konsequent durchgeführt. An landwirtschaftlichen Tagungen und Kongressen nahmen die Edener Genossen regelmäßig teil.[57] 1932 richtete die Obstbaukolonie zudem den „8. internationalen Vegetarier-Kongreß" aus.

---

ungenügender Beteiligung an der Erledigung der laufenden Geschäfte gezwungen wurden, ihre Ämter niederzulegen" (MUMMERT: Zur Gründung und Entwicklung Edens. – Wieder abgedruckt in: Edener Mitteilungen. Nr. 5/1993, S. 9).

56 Viele der zur Hebung der Erwerbstätigkeit in Eden für Genossenschaftsmitglieder 1895 eingerichteten Betriebe (Korbmöbelfabrik, Flechterei, Reformschuhmacherei, Buchbinderei, Strumpfwirkerei u.a.) rentierten sich auf Dauer nicht und gingen nach einigen Jahren ein (vgl. LINSE [Hg.]: Zurück o Mensch zur Mutter Erde, S. 38).

57 In den Edener Mitteilungen wurden durchgängig Ankündigungen und Rezensionen über Fortbildungsveranstaltungen veröffentlicht. Zu Veranstaltungen lud man kompetente Persönlichkeiten in die Siedlung, reiste aber auch selbst zu Fortbildungszwecken in alle Teile Deutschlands. – Vgl. beispielsweise Otto Jackischs Bericht über Vorträge der „Vegetarischen Vereinigung" im Vierteljahresbericht der Edener Mitteilungen. 4(1909), S. 3, den Bericht Friedrich Landmanns über die „Edener Wertmesse" in: Edener Mitteilungen. 9(1914), S. 41-45 oder die Ankündigung des Ferienkurses des Bundes der Bodenreformer in: Edener Mitteilungen. 9(1914), S. 9 f. – Zudem gab es nach 1910 eine rege Diskussion zur „Fortbildungsfrage" (vgl. Kapitel 5.5.).

- finanzielle Autonomie
  Von Carl Scheffler wurde 1895 in Zusammenarbeit mit dem Landgerichtsrat Hermann Krecke die „Oranienburger Bau- und Creditgesellschaft m.b.H.“, die sogenannte „Eden-Bank“, gegründet. Die Idee der Eden-Bank zur finanziellen Unterstützung lebensreformerischer Projekte erwies sich als erfolgreicher Handgriff. Ihr anfängliches Stammkapital von 30.000 RM, das zur einen Hälfte aus Hypotheken und zur anderen Hälfte aus Pfandbriefen bestand, wuchs bis zum Zweiten Weltkrieg auf 900.000 RM. Das Bankhaus wurde Vorbild der heutigen „Öko-Bank“.[58]

- bodenverbessernde Maßnahmen
  Aus Berlin wurden über zehn Jahre hinweg 1500 Tonnen Straßenkehricht über Kanäle nach Eden verschifft und in schwerer Handarbeit dem kargen märkischen Sandboden zugesetzt. Auch 250 Tonnen Kuhdung und 200 Tonnen Kalk wurden 1898 für Kultivierungszwecke verwendet. Zudem konnte durch die Anpflanzung zahlloser Hecken, die noch heute das Ortsbild Edens prägen, der windgeschuldeten Bodenerosion entgegengewirkt werden.[59]

- Neuerungen in der Produktverwertung
  Die steigenden Erträge der Genossenschaft kamen zum Teil als Frischobst auf die Märkte und wurden zu Marmeladen und Gelees weiterverarbeitet. Darüber hinaus wurden immer wieder innovative Maßnahmen der Produktverarbeitung erprobt. Zu den vegetarischen Edener Reformwaren gehörten die hier erfundenen Fleischersatz-Produkte („Eden-Pflanzenfleisch“) oder die rein pflanzliche „Eden-Butter“. Ihre selbst zu Kriegszeiten hohe Qualität brachte der Genossenschaft hohe Auszeichnungen ein.[60]

- moderne Formen des „Marketing“
  Gerade in Zeiten starker Konkurrenz erwies sich die Edener Produktwerbung als effektive und wirkungsvolle Maßnahme. Die zeitgemäße Reklame wurde von Edener Künstlern gestaltet. Zu der genossen-

58 Vgl. Eden-Genossenschaft e.G. (Hg.): 100 Jahre Eden, S. 23. – Vgl. auch BAUMGARTNER: Ernährungsreform. Kapitel 3.1.5.: Kredit- und Finanzwesen, S. 152-158.

59 Vgl. BAUMGARTNER: Ernährungsreform, S. 159 f., sowie Magistrat der Stadt Oranienburg (Hg.): Bericht über den Stand und die Verwaltung der Gemeinde-Angelegenheiten in der Stadt Oranienburg pro 1895/96, 1896/97 und 1897/98.

60 Vgl. ausführlich BAUMGARTNER: Ernährungsreform. Kapitel 3.2.2.: Eden-Reformwaren: Beitrag zur Ernährungsreform, S. 179-198.

schaftseigenen Eden-Warenabteilung gehörten die Vertriebszelle und ein Versandhaus für Reformartikel.[61]

Abb. 2: Edener Werbung (1931)

3.3 Prinzipien und Praxis des Edener „Gemeinschaftslebens“

„Ein Hauptgeheimnis des Edener Erfolgs liegt vor allem darin, daß es in Eden gelungen ist, trotz aller Sorgfalt, die man den wirtschaftlichen Belangen als der Vorbedingung aller kulturellen Entwicklung entgegenbringt, dennoch nicht alles auf die wirtschaftliche Karte zu setzen, sondern daß man versucht, durch Pflege auch der andern, der seelischen, der künstlerischen, der geselligen Kräfte eine Harmonisierung des Edener Lebens herbeizuführen und aus der einfachen Anzahl der Siedler ein organisches Gebilde zu machen, eine Gemeinschaft.“[62]

Im vorhergehenden Kapitel ist gezeigt worden, dass ökonomische Rahmenbedingungen in Eden entscheidende Beachtung fanden und zuweilen auf Kosten lebensreformerischer Postulate das Überleben der Kolonie sicherstellten. Wenn heute mit dem Namen „Eden“ allerdings meist nur noch eine Produktbezeichnung aus dem Reformhaus verbunden

61 Ebda.
62 BARTES: Eden, S. 50.

wird, kommt damit nicht mehr als ein Ausschnitt der Bedeutung Edens in der Lebensreformbewegung zur Geltung.[63] Ebensogroße Beachtung verdient der für Eden konzeptionell angelegte sozialutopische Anspruch, der in den verschiedenen Bereichen des Kolonielebens, nicht zuletzt auch im Erziehungswesen, seinen Niederschlag fand.

Im Folgenden soll, beginnend mit der Auswertung schriftlicher Manifestationen des Eden-Gedankens, dem utopischen Moment nachgegangen werden und anhand des Nachvollzugs seiner Realisierung in der Praxis des Edener Gemeinschaftslebens zugleich weitere sozialreformerische Aspekte vorgestellt werden.

Abb. 3: Das Edener Wappen

Das Emblem der Kolonie zeigt drei stilisierte Bäume, die programmatisch die Einheit von Wirtschafts-, Boden- und Lebensreform symbolisieren sollen.[64] In der Forderung nach Harmonisierung sämtlicher Bereiche des Edener Lebens und Arbeitens äußerten sich hochgesteckte Ziele. Wie groß die Erwartungshaltung gegenüber dem in Angriff genommenen Projekt allerdings gewesen ist, zeigen zeitgenössische Quellen aus den Gründertagen der Kolonie, in denen die antizipierten Möglichkeiten signifikant utopische Vorstellungen offenbaren. Allein die Namensgebung versinnbildlicht einen außerordentlichen Ehrgeiz: „,Eden' ist der verheißungsvolle Name unseres Unternehmens; also ein Eden, ein Paradies wollen wir uns schaffen? Allerdings[,] nur nicht von heut auf morgen, denn gut Ding will Weile haben. Auch müssen alle, welche noch an die Möglichkeit eines Paradieses auf dieser Erde glauben, thatkräftig mithelfen."[65]

63 Ein Teil der „Eden"-Reformartikelwirtschaft wurde nach dem Zweiten Weltkrieg nach Westdeutschland ausgelagert, wo einige Edener Genossen in Bad Soden/Taunus die „Eden-Waren-G.m.b.H." ins Leben riefen. Sie entwickelte sich zu einem erfolgreichen Unternehmen in der Reformwarenbranche, verlor aber mehr und mehr den Kontakt zur Kolonie Eden/Oranienburg und ist kein Gegenstand dieser Arbeit. – Vgl. zur Eden-Waren-G.m.b.H. BAUMGARTNER: Ernährungsreform, S. 238-258.

64 Vgl. Achter Internationaler Vegetarier-Kongreß. In: Eden. Monatsschrift mit Bildern. 27(1932), S. 171 f.

65 Programmschrift: Vegetarische Obstbau-Kolonie „Eden" (e.G.m.b.H.) zu Oranienburg. Ohne Jahr [1894]. – Wieder abgedruckt in: Edener Mitteilungen. Nr. 5/1993, S. 5.

Auch der Erlass der Edener Gemeindeordnung 1904[66] wurde vorwiegend von ideellen Grundsätzen geleitet. Die Gemeindeordnung liest sich, abgesehen von verwaltungstechnischen Einschüben, wie ein Katechismus ethischer Prinzipien. Zwar schrieb sie, wie bereits erwähnt, die Abstinenz im Fleischverzehr schon bald nicht mehr als zwingend verbindlich vor, doch blieb der Vegetarismus ausgewiesenes Ideal im hier verankerten „Vorsatz zur Führung eines naturgemäßen Lebens, im Sinne praktischer Selbstreform."[67] Besonderer Wert wurde auch auf die Feststellung gelegt, „daß die Kolonie Eden nicht nur eine Produktivgenossenschaft ist, ... sondern daß sie in erster Linie gegründet ist, um ein Sammelpunkt sittlich strebender Menschen zu sein."[68] So mangelte es nicht an Mahnungen zu Bescheidenheit, Opferbereitschaft, Toleranz und Gemeinschaftlichkeit. Durch die Umsetzung jener Postulate sollte Eden zu einem „blühenden Gemeinwesen, einem kleinen Staat im Staate"[69] werden.

Den weltablehnenden und eskapistischen Tendenzen widersprach aber das Ansinnen Edens keineswegs, als beispielgebendes Modell den eigenen Vorstellungen zu breiter Umsetzung zu verhelfen.[70] Dem zugrunde lag ein teleologisches Geschichtsbild, das Überlegenheit des naturgemäßen Lebens und der daraus resultierenden Notwendigkeit der Lebensumstellung des modernen Menschen voraussetzte. Die lebensreformerische Mustersiedlung erhob lange Zeit Anspruch auf Verwirklichung ihres Programms auch jenseits der Grenzen der Kolonie. Der Edener Geschäftsführer Otto Jackisch (1872-1956) bezeichnete demgemäß noch 1928 die „Siedelung als Tagesforderung", „denn die Abdämmung der Landflucht und die Zurückführung der noch lebensfähigen Menschen aus den Großstädten, wo sich Niedergang und Arbeitslosigkeit häufen, ist unbedingte Notwendigkeit, wenn unser Volk nicht unaufhaltsam abwärts gleiten soll." In der Notzeit des Ersten Weltkrieges, „als die Stadtbevölkerung arge Leiden auszustehen hatte"[71], habe sich der Segen des Landsiedelns bereits erwiesen.

Angesichts der Edener Erfolge – bei weitgehender Lebensmittel-Selbstversorgung auf vegetarischer Grundlage und wirtschaftlicher Expansion des genossenschaftlichen Bereiches – musste gerade das Ausbleiben der erhofften Breitenwirkung ernüchternd gewirkt haben. Adolf

---

66 Die Gemeindeordnung, die mit der Koloniesatzung nicht identisch ist, ist auszugsweise abgedruckt in: LINSE: Zurück o Mensch zur Mutter Erde, S. 47-50.

67 Ebda., S. 48.

68 Ebda.

69 BARTES: Eden, S. 50.

70 Vgl. BÖTTGER: „Eden" und „Falkenberg", S. 182 f.

71 Beide Zitate: JACKISCH, Otto: Lebensreform und Siedelung. In: Edener Mitteilungen. 23(1928), S. 10.

Damaschke, Vorsitzender des Bundes Deutscher Bodenreformer, resümierte in einem 1933 in den Edener Mitteilungen veröffentlichten Aufsatz: „Die Hoffnungen, die wir hegten, ... sind bis heute unerfüllt geblieben. Diese Hoffnungen waren: Ein praktisches Beispiel würde mehr wirken als tausend Reden; eine ‚Modellgemeinde' müßte notwendig hundert andere in unserem Volke erzeugen. Alle theoretischen Einwendungen schlauer Interessen-Schichten müßten verstummen vor der Macht des erfolgreichen Beispiels."[72]

Es ist ein bedauernswertes Resultat der hoffnungsfrohen, idealistisch-utopischen Ausrichtung und Grundhaltung, dass viele der umgestaltungsfreudigen Edener der nationalsozialistischen Ideologie mit offenen Armen begegneten. Die Kolonieverwaltung begrüßte die politischen Veränderungen des Jahres 1933 geradezu euphorisch. Im Mai führte der Vorstand in einem Artikel der Siedlungszeitschrift aus, dass „für Eden jetzt keine Gleichschaltung, sondern nur eine Einschaltung erforderlich"[73] sei. Aus dem Programm der NSDAP nahm Eden mit großem Interesse jene Passagen auf, die dem Gedanken der Lebensreform verwandt erschienen. Schlagworte wie „Gemeinnutz geht vor Eigennutz" oder das ausgewiesene Bestreben, aus den Deutschen „ein einig Volk von Brüdern" machen zu wollen, stießen auf viele offene Ohren; aggressive rassistische und antisemitische Passagen dagegen wurden in den Stellungnahmen der Genossenschaft so gut wie nicht reflektiert.[74] Die Ursache der Affinität zu den neuen Machthabern lag vor allem in der Erwartung an sie, die Bodenreform nun endlich zur Staatssache zu erheben.[75] Blieben diese Erwartungen letztlich auch unerfüllt, so waren doch

---

72 DAMASCHKE: Was Eden über Eden hinaus lehrt. In Edener Mitteilungen. 28(1933), S. 139. – Vgl. auch BÖTTGER: „Eden" und „Falkenberg", S. 183 f.

73 HAMPKE, WILLKOMMEN, DEANIELZICK: Gleichschaltung. In: Eden. Monatsschrift mit Bildern. 28(1933), S. 97 f.

74 Was die Frage des Schicksals der in Eden zur Zeit des Nationalsozialismus lebenden jüdischen Siedler angeht, ist die Artikelreihe „Nationalsozialismus und Antisemitismus – Spurensuche in Eden" (vgl. Edener Mitteilungen. Nr. 32-35 1997/98) der Zeitzeugin Anne-Susanne Mampel sehr lesenswert. In Eden gab es einige jüdische Familien, denen Ende der dreißiger Jahre die Genossenschaftsmitgliedschaft entzogen wurde. Zurückgezogen in ihren Häusern führten sie ein von der Gemeinschaft isoliertes Leben. Mindestens eine Familie wurde deportiert, einige in „Mischehen" lebende Juden konnten die Zeit des Nationalsozialismus überleben. „Nie bin ich in Eden einem ‚Sternträger' ... begegnet, auch keiner der von mir Befragten erinnert sich daran. Ella Schulz und Berthold Löff, die, ebenso wie Wolffs, zu dieser diffamierenden Kennzeichnung gezwungen waren, sah man einfach nicht mehr" erinnert sich Mampel (MAMPEL: Nationalsozialismus und Antisemitismus – Spurensuche in Eden [4]. In: Edener Mitteilungen. Nr. 35, Mai/Juni 1998, S. 20).

75 Vgl. HAMPKE: Eden und der Nationalsozialismus. In: Eden. Monatsschrift mit Bildern. 28(1933), S. 128-130.

Passagen im Programm der NSDAP und der Erlass des Reichserbhofgesetzes den Edenern im Jahre 1933 vielversprechende Signale, die sie recht bald zu dem Urteil gelangen ließen: „Eden blickt freudig in die Zukunft. Es sieht ja in der Aufnahme vieler Reformen in den deutschen Sozialismus, für die Eden gestritten und gelitten, die Verwirklichung seiner eigenen genossenschaftlichen Bestrebungen und Ziele. Darum: Heil Hitler!"[76]

Nicht grundlos waren etliche Edener solch naiver Lesart populistischer Aussagen der Nazis aufgesessen. Die Kolonie hatte einen ihrer Hauptansprüche – als Mustergemeinde wegweisendes Vorbild zu sein für die Umgestaltung der Gesellschaft nach dem Modell der Edener Siedlungsgemeinschaft – nicht einlösen können. Die Zuwendung zum Nationalsozialismus ist daher auch als Ausdruck einer resignativen Stimmungslage deutbar. Der Nationalsozialismus sollte als Erfüllungsgehilfe für Ziele dienen, die aus eigener Kraft zu erreichen den Edenern nicht vergönnt war.[77] Davon, dass die Siedlungspolitik der Edener Genossenschaft im nationalsozialistischen Ideengut gänzlich aufging, kann aber keineswegs die Rede sein. Den offiziellen Verlautbarungen Edens sind Einbußen an weltanschaulicher und religiöser Pluralität zwar deutlich anzumerken, hinter den Kulissen findet man aber auch Zeichen von Toleranz und Solidarität während des Dritten Reiches.[78] Zur Haltung Edens gegenüber politischen Strömungen zieht Christian Böttger folgendes Fazit: „Die Lebensreformer, die sich in Eden niederließen, waren Suchende, die alles Neue vorurteilsfrei auf die Brauchbarkeit für ihre Zwecke abtasteten und sich dabei mehr von utopischen Sehnsüchten nach einer gerechten und gesunden Welt leiten ließen als von exakten Analysen der realen gesellschaftlichen Verhältnisse."[79] Doch gerade in Hinsicht auf die politische Loyalität der Genossenschaft im Nationalsozialismus, lässt sich das

76 HAMPKE: „Eden und der Nationalsozialismus" In: Edener Mitteilungen. 28(1933), S. 130.

77 Diese reichlich unreflektierte Haltung gegenüber dem System fand ihren Ausdruck auch in kuriosen Artikeln über Adolf Hitlers vegetarische Lebensweise (vgl. Adolf Hitler – strenger Vegetarier. In: Eden. Monatsschrift mit Bildern. 28[1933], S. 57 oder etwa das schwärmerische Gedicht „Der Führer". Ebda. 30[1935], S. 9).

78 Vgl. zur „inneren Emigration" nonkonformer Siedler, sowie über bekannt gewordene Solidaritätsakte wiederum die Artikelreihe von Anne-Susanne MAMPEL: Nationalsozialismus und Antisemitismus – Spurensuche in Eden. In: Edener Mitteilungen. Nr. 32-35 1997/98. – Über den Fortbestand oppositioneller Strömungen in der Zeit des Nationalsozialismus vgl. auch HELLER: Märkischer Bilderbogen, S. 34 f. – Als märkische Heimatchronistin in der DDR betont Heller aber vorwiegend sozialistische und kommunistische Widerstandsformen.

79 BÖTTGER: „Eden" und „Falkenberg", S. 164.

gern und häufig bemühte apolitische Selbstverständnis Edens[80] allerdings nicht mehr ohne weiteres vertreten. In Eden hat man sich wie andernorts politisch positioniert, zu politischen Traditionen bekannt oder sich Glaubenssätzen angeschlossen. Richtig ist aber auch, dass der in der Kolonie sprichwörtliche „Edener Geist" nicht über politische Bekenntnisse definiert wurde. Fragestellungen für die nachfolgenden Betrachtungen zur Praxis Edener Lebenskultur könnten deshalb sein: Welche Qualität hatte der Zusammenhalt der Genossen – wie lebte man in Eden? In welcher Weise wurde den oben genannten gesellschaftsutopischen Sittlichkeitsidealen genügt?

Dass es nicht nur bei wirkungslosen Beschwörungen lebensreformerischer Prinzipien geblieben ist, lässt sich in der Koloniegeschichte sehr gut zeigen. Es wurden tatsächlich große Anstrengungen unternommen, damit das Sozialwesen Edens weder einem stumpfsinnigen Dorfleben gleiche, erst recht aber nicht Elemente „städtischer Unkultur" annehme. In der Mitte der Siedlung wurde als erster größerer Bau der Kolonie bereits 1894 ein Verwaltungsgebäude errichtet, das Anfang der Dreißiger Jahre weitgehend erweitert wurde und als das „Herzstück Edens" galt, oder als der Ort, „wo sich das gesellige, kulturelle und geistige Leben Edens in buntester Mannigfaltigkeit abspielt."[81] Zu dieser Zeit verfügte Eden neben diesem neuen Genossenschaftsgebäude mit Festsaal, Lesezimmer, Bücherei und Schule noch über ein eigenes Theatergebäude, ein Badehaus mit Lufthütten, ein vegetarisches Kur- und Erholungsheim, eine Jugendherberge und sogar über eine Sternwarte. Von den verschiedenen Edener Ausbildungseinrichtungen wird in einem nachfolgenden Kapitel berichtet.

Wie im ökonomischen Bereich, im Gartenbau oder der Obstverwertung, wurden auch die kulturellen Einrichtungen teils privat, teils durch die Genossenschaft geführt. Die Edener Mitteilungen berichten von regelmäßig stattfindenden Theatervorführungen, Turnstunden und Lesungen. Zum Vereinsleben in Eden gehörten ein gemischter Chor, ein Singe- und ein Bibelkreis, eine Berufsgärtnervereinigung, die Edener Tanzvereinigung, die Freiwirtschaftsgruppe, der Edener Orchesterverein und eine eigene Wandervogelgruppe.[82] Bei um 1930 etwa 800 Einwohnern[83] war die Fülle der Angebote durchaus bemerkenswert. Auch zeigt der

80 Vgl. etwa JACKISCH, Otto: Die Bedeutung der ländlichen Siedelung. In: Kalender 1929 für den Kreis Niederbarnim, S. 70.

81 BARTES: 40 Jahre Eden. In: Eden. Monatsschrift mit Bildern. 28(1933), S. 102.

82 Vgl. BARTES: Das neue Edener Genossenschaftshaus. In: Edener Mitteilungen. 26(1931), S. 6.

83 Vgl. JACKISCH, Otto: Die Bedeutung der ländlichen Siedelung. In: Kalender 1929 für den Kreis Niederbarnim, S. 68.

Bau des Genossenschaftshauses, dass sich Eden offenbar selbst in Zeiten wirtschaftlicher Depression den Luxus von Neuinvestitionen in großem Stil leisten konnte.[84] Über den Festsaal heißt es beispielsweise:

> Beim Eintritt in den Saal, der 300 Personen faßt, ist man freudig überrascht. Warm, behaglich und sofort freundlich stimmend, in roten und gelben Farben, prachtvollen Vorhängen, schwarzen Stühlen und weißen Lampen bildet er mit der Bühne im Hintergrunde, darüber das Edener Wappen, einen Festraum, in dem es sich wohl und friedlich raten und taten, spielen und singen, turnen und tanzen läßt nach Herzenslust. Ein Bechsteinflügel, ein Bechsteinklavier, ein Harmonium, Radio, Grammophon und eine vollständige Apparatur für Film- und Lichtbilder, sowie Bühnenbeleuchtung ermöglichen eine Fülle von Darbietungen aller Art.[85]

Das Gemeinschaftsleben fußte in Eden also auf einer institutionalisierten Struktur. Dazu gehört auch eine strenge Regelmäßigkeit in der Abfolge der Edener Feste und Feierlichkeiten. In Eden feierte man im Laufe eines Jahres u.a. die Frühlingsankunft, das Erdbeerfest, Mittsommernacht, Erntekrone und Wintersonnenwende.[86] Dass es bei der Festtradition nicht nur um eine Rhythmisierung des Alltags, sondern auch um Integration (beispielsweise der jungen Generation in das Siedlungsleben) ging, zeigen die Berichte aus den Edener Mitteilungen – hier über das Frühlingsfest 1931:

> In der Hauptsache ist ja doch die Jugend daran beteiligt. ... Den Abend vorher schon zog eine lange Reihe des Edener Jungvolkes mit Geigenklang und Liedgesang die Edener Wege entlang, um Blumen und Bänder für den Festplatzschmuck zu sammeln. Am nächsten Morgen früh weckten die lauten Sängerkehlen die Schläfer auf und gaben so den Ton an für den Lauf des Tages. Um ½ 3 zog dann der Festzug mit den kranzgeschmückten Mädchen, den Spielleuten, wehenden Fahnen und Wimpeln durch die Siedlung, um am Maibaum auf dem Festplatze Halt zu machen. Ein Frühlingslied, danach der Gemischte Chor, leiteten die Ansprache des Geschäftsführers ein. Nochmals sang der Gemischte Chor, und so wurde in Wort und Lied der Frühlingseinzug in Eden genehmigt und bestätigt. ... Spiel und Tanz, Kasperle und allerlei sonstige Unterhaltung, nicht zu vergessen die mit großer Begeisterung aufgenommene offene Singstunde des Edener Singekreises, hielten die Edener und ihre Gäste bis zum Abgesang um 7 Uhr abends beisammen. Am späten Abend aber tanzte man noch weiter im Saal bis tief in die Nacht hinein.[87]

---

84 Der Neubau von 1930 schlug immerhin mit einem Kostenaufwand von 100.000 RM zu Buche (vgl. BARTES: 40 Jahre Eden. In: Eden. Monatsschrift mit Bildern. 28[1933], S. 102).

85 BARTES: Das neue Edener Genossenschaftshaus. In: Edener Mitteilungen. 26(1931), S. 8.

86 Vgl. EBERDING: 35 Jahre Obstbau-Siedlung Eden. In: Biologische Heilkunst. 9(1928), Sonderabdruck ohne Seitenangaben, sowie HELLER: Märkischer Bilderbogen, S. 36.

87 BARTES: Das Edener Frühlingsfest. In: Edener Mitteilungen. 26(1931), S. 95.

Neben ihrer integrativen Rolle boten die Feste auch die Gelegenheit der Präsentation lebensreformerischer Eden-Charakteristika in einem angemessenen Rahmen. So schrieb Karl Bartes 1933: „Die Edener Feste sind reine Naturfeste. Sie werden größtenteils im Freien begangen; es wird dabei weder geraucht, noch Alkohol getrunken, noch gelärmt."[88]

Abb. 4: Erntereigen in Eden

Die Edener Festkultur und die anderen zahlreichen Investitionen in ein harmonisches Gemeinwesen können dennoch nicht darüber hinwegtäuschen, dass auch die Kolonie Eden kein Paradies auf Erden gewesen ist. Richtungsstreits und Meinungsverschiedenheiten hat es in Eden von Anbeginn gegeben, und das vielgepriesene Edener Gemeinschaftsleben wurde von Zeit zu Zeit arg strapaziert. Um die Jahrhundertwende kam es beinahe zum Niedergang des Badehausbetriebes, denn „die im Bade oft leidenschaftlich und zumeist von Unberufenen und Gästen gepflogenen Redeschlachten um die ‚bessere Siedlungsform', Lebensweise, Verwaltung und was sonst noch alles, veranlaßten die Edener bald, lieber im Frieden der eigenen Heimstätte ihr Luft- und Sonnenbad zu genießen."[89] Dass es sich bei den Streitigkeiten wirklich um böse Interventionen von Außenstehenden gehandelt hat, kann wohl bezweifelt

---

88 BARTES: 40 Jahre Eden. In: Eden. Monatsschrift mit Bildern. 28(1933), S. 102.

89 MUMMERT: Gründung und Entwicklung Edens (1918). – Wieder abgedruckt in: Edener Mitteilungen. Nr. 5/1993, S. 13.

werden, denn die Prämissen für ein konfliktfreies soziales Leben waren in Eden durchaus nicht optimal. In religiöser und politischer Hinsicht war die Bewohnerschaft inhomogen, und wenn man nach der Basis ihres Zusammenhaltes fragt, wird man sie auf diesen Gebieten nicht finden. Christian Böttger differenziert drei politisch-weltanschauliche Traditionslinien, denen sich die Edener Lebensreformer zuordnen lassen, und die je ihren Einfluss auf das Siedlungsgeschehen geltend machten.[90] Neben einem *pazifistisch-internationalistischen Strang*, der vornehmlich von Vegetariern getragen wurde, die damit einer „Ethik der Liebe zu allem Lebenden"[91] dienten, existierte eine *emanzipatorisch-demokratische, antiautoritäre Richtung*. Ihre Vertreter beriefen sich auf das grundsätzliche Demokratieprinzip einer jeden Genossenschaft, wo Stimmrechte nicht nach Kapitalanteilen vergeben werden, sondern jedes Mitglied ausschließlich eine Stimme in Vollversammlungen besitzt. Edens Bild der Toleranzbereitschaft gegenüber andersdenkenden Genossenschaftsmitgliedern ist in erster Linie Ausdruck jener demokratischen Tradition. Die Demokratievorstellungen mancher Genossen gingen jedoch äußerst weit. Durch eine bisweilen geforderte absolute Basisdemokratie, die keine erkennbaren Entscheidungsstrukturen aufgewiesen hätte, drohte die junge Siedlung in den frühen Jahren einmal mehr zu kollabieren.[92] Durch eine klare Richtungsentscheidung auf der Jahresversammlung im April 1915 konnte diese Entwicklung abgewendet werden. Hier wurden dem Vorstand die Privilegien zuerkannt, die für die Leitung der Genossenschaft notwendig waren. Eine grundsätzliche Würdigung erfährt die demokratischen Richtung durch Böttger, wenn er Otto Jackisch, den langjährigen Geschäftsführer Edens (1903-1922), als ihren Vertreter zitiert. Otto Jackisch wird als besonnener Genossenschaftler charakterisiert, der – grundsätzlich der Toleranz verpflichtet – die Geschicke der Genossenschaft dennoch so dirigierte, dass der moralische und wirtschaftliche Aufschwung Edens namentlich ihm zugewiesen werden kann.

Zuletzt nennt Böttger die *nationalistisch-konservative und traditionalistische Dimension* Edens. Hier ist der ideologische Hintergrund des Bodenreformgedankens maßgebend. Theoretiker der Bodenreform, wie der mit Eden sympathisierende Franz Oppenheimer, gingen davon aus, dass der Entstehung des Großgrundeigentums und deren misslichen Auswirkungen auf die Soziale Frage ein Bodenrecht vorherging, in dem „jeder ...

90 Vgl. BÖTTGER: „Eden" und „Falkenberg", S. 163-185.

91 VAN BORRENDAM: Die Ethik der Liebe zu allem Lebenden. In: Eden. Monatsschrift mit Bildern. 27(1932), S. 194.

92 Vgl. BÖTTGER: „Eden" und „Falkenberg", S. 169-171.

soviel Feldland erhielt, als ein Hausvater mit seiner Familie bebauen konnte“[93] – und damit Bodengerechtigkeit herrschte. Dieses Bodenrecht hatte man „in deutscher Urzeit“[94] gefunden und forderte nun seine Wiedereinsetzung. In der Politik wurde dieses Gedankengut vornehmlich in nationalkonservativen Parteien, wie dem von 1896 bis 1903 aktiven „Nationalsozialen Verein“, dem auch viele Edener angehörten, gepflegt;[95] später findet sich die Forderung nach einer Bodenreform auch im Programm der NSDAP. Der Tenor vieler Artikel der Edener Mitteilungen zur Frage der Bodenverteilung folgt in etwa dieser hier skizzierten Logik, und Böttger weist darauf hin, dass „das gesamte öffentliche Leben Edens durch eine solche kulturkonservative und auf den Nationalstaat orientierte Grundstimmung gekennzeichnet“[96] war.

An Gründen für Richtungsstreitigkeiten hat es bei der Heterogenität der Interessenlagen kurzerhand nicht gemangelt. Selbst auf dem „Achten Internationalen Vegetarierkongreß“ im Jahre 1932, dem mit Sicherheit herausragendsten Ereignis der Geschichte Edens, war es zu harten Gefechten zwischen dem traditionalistischen, christlich-konservativen Priester Prof. Johannes Ude, der „auf höchster sittlicher Warte stehend“[97], einen christlich motivierten Vegetarismus pries, und dem Kosmopoliten, Anhänger der Freikörperkultur und in Sexual- wie Religionsfragen äußerst liberalen Vegetarier Werner Zimmermann gekommen, welcher, wie in den Edener Mitteilungen ausführlich berichtet wurde, noch lange Zeit die Gemüter erregte. Die Handhabe der Edener angesichts des Streites beider Gäste des Kongresses ist dabei das eigentlich Bezeichnende für den auf Ausgleich und Toleranz angelegten Kurs der Genossenschaft, über den in der Kolonie Konsens herrschte. Um Schlichtung bemüht, wurde versucht, die Widersacher in ihren Ideen zu versöhnen und auf die Gemeinsamkeit in der Sache des Vegetarismus einzuschwören. Dieser freilich bot bei weitgehender Vagheit jederzeit die Möglichkeit zu allgemeingehaltener Positionierung. In der Beschwörung einer unbestimmten Gemeinsamkeit konnte lebensreformerisches Gedankengut, allem voran der Vegetarismus, in der Edener Geschichte immer wieder eine zusammenschweißende Wirkung entfalten. Im Falle der Nachbereitung des spannungsgeladenen Vegetarierkongresses heißt es in den Edener Mitteilungen beispielsweise: „Der Kongreß hatte sich keine Probleme gestellt.

---

93 OPPENHEIMER: Die Siedlungsgenossenschaft. S. 175 f.; zit. nach OPPENHEIMER: Großgrundeigentum und soziale Frage, S. 11.

94 OPPENHEIMER: Großgrundeigentum und soziale Frage, S. 11.

95 Vgl. BÖTTGER: „Eden“ und „Falkenberg“, S. 176 f.

96 Ebda., S. 177.

97 Achter Internationaler Vegetarier-Kongreß. In: Eden. Monatsschrift mit Bildern. 27(1932), S. 178.

Er hat auch keine gelöst. Der Vegetarismus ist kein Problem“ – oder: „Haben die Menschen, die da tagelang in den grünen Mauern Edens geweilt haben, nicht stärker als sonst gefühlt, daß sie zusammengehören?“[98]

Ihre integrative Funktion entfaltete die Lebensreformideologie auch und gerade in den politisch bewegten Zeiten zu Anfang der dreißiger Jahre. Die Beschwörung des „Edener Geistes“ bot die Möglichkeit, politisch aktuellen Debatten auszuweichen. Die Sicherheit, zu den „Gutwollenden“ zu gehören, im Vegetarismus „einem geschichtlichen Instinkt“ zu folgen, verband die Edener und bewahrte sie offenbar recht effektiv vor Zerfall und Zerwürfnis. Die Erfahrung, mit dem eingeschlagenen „Dritten Weg“ für sich, zumindest im Genossenschaftsrahmen, wirtschaftliche und sozialgemeinschaftliche Erfolge verbucht zu haben, schuf ein zusätzliches Selbstbewusstsein. Edens Wachstum wurde gern zurückführt auf Askese und Selbstbescheidung, die der Vegetarismus verlangt.[99] Diese Tugenden prägten das kollektive und gewissermaßen auch elitäre Bewusstsein Edens. Dazu gehörte, wie häufig betont wurde, nicht nur der Verzicht „auf die Scheingüter der Zivilisation“, sondern ebenfalls Duldsamkeit und Toleranz: „Freiheit der Einzelseele mit Achtung vor der Art des Anderen.“[100]

98 Beide Zitate ebda., S. 170.

99 Vgl. etwa JACKISCH, Otto: Die Siedlung Eden“ (1929). – Wieder abgedruckt in: Edener Mitteilungen. Nr. 5/1993, S. 15-18: „Für durchweg minderbemittelte Stadtmenschen ohne landbauliche Erfahrungen war das [der Aufbau Edens] ein schweres Beginnen, aber der feste Wille half die rechten Wege finden, und die zähe Ausdauer und frohgemute Anspruchslosigkeit jener Edener Pioniere hat alle Nöte und Schwierigkeiten ... überwunden“ (ebda., S. 15).

100 MUMMERT: Der Edener Geist. In: Edener Mitteilungen. 26(1931), S. 68 f.

4. Erziehung in der Lebensreformbewegung

Mit der Lebensreformbewegung verbindet die zeitgleich aufkommende Reformpädagogik die kulturkritische Mentalität und eine romantisierende Rückbesinnung auf vormoderne Lebensformen. Auch die Reformpädagogik bemängelte einen Werteverlust in den entstehenden Industriegesellschaften und entwickelte ihre alternativen Erziehungsprogramme aus Protest gegen den strengen bürokratischen Betrieb des wilhelminischen Schulsystems mit dessen sozialnormierendem und „lebensfernem“ Charakter. In die reformpädagogische Praxis, deren Ziel unter anderem darin bestand, „die Kluft zwischen Leben und Schule“ zu überwinden, fanden viele Elemente der Lebensreformbewegung Eingang.[101] Man muss die Reformpädagogik indessen nicht zur Lebensreform im engeren Sinne zählen.[102] Richtig ist aber, dass reformpädagogische Ansätze mit lebensreformerischen Vorstellungen durchdrungen sind, wie umgekehrt Lebensreformer in ihren Erziehungsvorstellungen auf Erkenntnisse und Methoden aus der Reformpädagogik zurückgegriffen haben. Für die sozialutopischen Praxisversuche des ausgehenden 19. Jahrhunderts kann deshalb, so Jürgen Oelkers, gelten: „Alle Entwürfe der ‚neuen Gesellschaft‘ sind *pädagogische* Entwürfe, die Zukunft mußte an den Erfolg der neuen Erziehung gebunden werden.“[103] Im folgenden Abschnitt sollen daher die pädagogischen Ideen, derer sich die Lebensreformbewegung, die Siedlungsbewegung und eben auch die Obstbaukolonie Eden bediente, zunächst ganz generell zur Darstellung gebracht werden.

---

101 Vgl. SCHONIG: Reformpädagogik. In: KERBS, REULECKE (Hg.): Handbuch der deutschen Reformbewegungen, S. 319, sowie NIPPERDEY: Deutsche Geschichte 1866-1918, Bd. 1, S. 565.

102 Ich halte mich an die in Kapitel 2.2. besprochene Definition Krabbes. Andere Autoren bedienen sich anderer Ordnungsschemata, so etwa Sigrid Walther, die die Reformpädagogik als einen von vier Schwerpunkten der „Lebensreform im engeren Sinne“ zuordnet (vgl. WALTHER: Der Garten. In: LEPP, ROTH, VOGEL [Hg.]: Der Neue Mensch, S. 143).

103 OELKERS: Von der Welt des Émile zur Erziehungsdiktatur. In: LEPP, ROTH, VOGEL (Hg.): Der Neue Mensch, S. 39.

4.1 Führerschaft und Erweckungserziehung: Erziehung in der Lebensreformbewegung als Modus der Übertragung charismatischer Herrschaft

Krisenempfinden und Aufbruchstimmung, Distanz zu den Mainstreamtendenzen der modernen zeitgenössischen Sozialordnung, Rückzug an den besonderen Ort[104] sowie ein neues Menschheitsideal – das alles vereint sich in der gedanklichen Welt der Reformer und spiegelt sich in ihren Erziehungsvorstellungen wider. Text- und Bildquellen aus dem Reformmilieu sind durch ein eigentümliches Pathos getragen, in ihnen spiegeln sich Sendungsbewusstsein und elitärer Geist.[105] Die Bedeutung solcher Erscheinungen lässt sich nicht ohne weiteres erschließen. Ein mögliches Deutungsmuster, das nicht zuletzt auf die pädagogischen Ideen der Lebensreformbewegung anwendbar ist, lässt sich jedoch aus der Lektüre von Max Webers Herrschaftssoziologie gewinnen.[106]

Aus soziologischer Perspektive reflektierte Weber immer wieder über den Einfluss zunehmender Modernisierung und Bürokratisierung auf die zeitgenössische Gesellschaft. Er erkannte einerseits die Vorteile und Unabwendbarkeit dieses Phänomens, beklagte jedoch auf der anderen Seite die „Fachmenschen ohne Geist“[107], die ein bürokratischer, betriebskapitalistischer Apparat hervorbringe. Von Weber weiß man auch, dass „sein Verhältnis zu den verschiedenen lebensreformerischen Ansätzen der Jahrhundertwende größtenteils durch skeptische Neugierde und Wohlwollen bestimmt“[108] war. Er suchte selbst mehrfach Kontakt zu den Alternativbewegungen.[109]

In der „Soziologie der Herrschaft“ unterscheidet Weber drei Herrschaftstypen: rationale oder bürokratische, traditionale und charismatische Herrschaft. Bemerkenswert ist, dass Weber jedem Herrschaftstypus eine eigene Erziehungsform zuordnet. Der für die Moderne diagnostizierten bürokratischen Herrschaft, die wesentlich auf rationaler Fachschulung beruht, sind die verschiedenen anderen Herrschaftsformen mit ihren Er-

104 Hans Christian Harten spricht von einer „Exoduspädagogik“ (HARTEN: Neue Menschen, S. 223).

105 Einen Kurzüberblick über die pädagogischen Strömungen innerhalb der deutschen Kulturkritik und die sie anfangs beeinflussende überwiegend neuromantische Geisteshaltung gibt Wilhelm Flitner in der Einführung des von ihm und Gerhard Kudritzki herausgegebenen Buches: Die deutsche Reformpädagogik. Die Pioniere der pädagogischen Bewegung. München 1984, S. 9-36.

106 Für diesen Hinweis danke ich Elisabeth Flitner.

107 WEBER: Gesammelte Aufsätze zur Religionssoziologie, S. 204.

108 HEINS: Max Weber, S. 102.

109 Vgl. LINSE (Hg.): Zurück o Mensch zur Mutter Erde, S. 22.

ziehungstypen entgegengestellt.[110] Webers Analyse bietet das begriffliche Handwerkszeug, mit dessen Hilfe sich an dieser Stelle einige Charakteristika alternativer Lebens- und Erziehungsstile erschließen lassen oder die folgenden Merkmale auf der Folie seiner Terminologien transparent gemacht werden können. Verblüffende Parallelen ergeben sich, wenn man das Konzept *charismatischer Herrschaft* auf die hier untersuchten Alternativbewegungen der Jahrhundertwende anwendet.

Charismatische Herrschaft beruht auf den *außeralltäglichen* Fähigkeiten eines charismatischen Führers. *Krisenzeiten* bringen charismatische Herrscher hervor, da dieser Herrschaftstyp „ungebunden an alles Bestehende", nach Weber „revolutionär" ist. Der „begnadete" charismatische Herrscher folgt gewissermaßen dem Motto: „Es steht geschrieben – ich aber sage euch ...!"[111] Der Glaube der Beherrschten an diese – in der Regel gottgesandten – Qualitäten legitimiert die charismatische Herrschaft. Die charismatische ist eine labile Herrschaft, in der der Herrscher selbst unter permanentem Bewährungsdruck steht. Er muss seine besonderen Fähigkeiten, etwa durch Wunder oder Siege, dauerhaft unter Beweis stellen, um nicht als von Gott verlassen zu gelten. Durch Misserfolge können charismatische Führer deshalb sehr rasch an Macht und Herrschaft einbüßen.

Weber schreibt von den Schwierigkeiten der Perpetuierung charismatischer Herrschaft, denn wo diese nicht implodiert, neigt sie zur *Veralltäglichung*, zum Übergang in traditionale Herrschaft. Die zentrale Form der Herrschaftsübertragung, die Weitergabe des Charismas über Erziehung, gestaltet sich schwierig, denn „Heldentum und magische Fähigkeiten gelten zunächst nicht als lehrbar."[112] Bildung und Erziehung kann hier nicht den rationalen Erwerb von Wissen meinen. In charismatischen Herrschaftsgebilden verläuft sie vielmehr über die *Erweckung* der im Zögling bereits angelegten charismatischen Qualitäten. „Wiedergeburt und dadurch Entfaltung der charismatischen Qualität, Erprobung, Bewährung und Auslese des Qualifizierten ist ... der genuine Sinn charismatischer Erziehung."[113]

Es ist nicht schwer, zwischen dem Konzept charismatischer Herrschaft und der historischen Erscheinung der Lebensreformbewegung Parallelen aufzuspüren. An selbsternannten Propheten hat es der Lebensreform tatsächlich nie gefehlt. Das gilt auch für die zahlreichen Erzieher-

---

110 Die Herrschaftsformen sind Idealtypen. Ein Spannungsverhältnis zwischen ihnen ist nicht zwingend, Mischformen kommen in der Realität vor.

111 WEBER: Gesammelte Aufsätze zur Religionssoziologie I, S. 269.

112 WEBER: Wirtschaft und Gesellschaft, S. 677.

113 Ebda., S. 677.

gestalten in ihrem Umfeld.[114] „Ein neues, von innen wachsendes, auf inneren Adelseigenschaften ruhendes Führertum wird aus der Gleichheit selbst eine echte Aristokratie, aus der Gemeinschaft geistige Höhenmenschen herauswachsen lassen"[115] schreibt der Philosoph und Pädagoge Eduard Spranger (1882-1963) mit nachdrücklichem Pathos über die Rolle der Jugend in einer künftigen Volksgemeinschaft. Begriffe wie Führer und Gefolgschaft, die stete Suche des Echten oder aber der Ruf nach dem *außeralltäglichen Erlebnis* sind Schlagworte, die von Reformpädagogen benutzt wurden und zugleich den Mythos der Jugendbewegung mit ausmachen.

Das Konzept charismatischer Herrschaft kann also helfen zu verstehen, innerhalb welchen Rahmens sich die Erziehungsvorstellungen der Reformbewegungen bewegten und dass der Protest gegen die Prioritäten der etablierten Außenwelt einem plausiblen Muster folgt, in welchem sämtliche eingangs aufgezählten Erscheinungen ihre Entsprechung finden.

Das Motiv der Erweckung ist ein zentraler Bestandteil reformpädagogischer Theorien und im Diskurs über Kindeserziehung bis heute aktuell. Als typisches Beispiel sei auf die Pädagogik Maria Montessoris (1870-1952) hingewiesen. Erziehung erfüllt die Aufgabe, an den Tag zu bringen, was im Kind keimhaft bereits angelegt ist: „Sie [Montessori] erkannte, daß das Kind seine eigenen ... Gesetze des geistig-leiblichen Wachstums hat, während die Erwachsenen ihm ihre Gewohnheiten und ihre Lebensart aufdrängen und damit die natürliche Kräfteentfaltung hemmen."[116] Die Erzieherin soll daher nur Anreizgeberin sein, den Bildungsprozess vollzieht das Kind selber. Montessori-Pädagogik folgt dem Gedanken einer „Erweckung der Selbsttätigkeit und der Selbstachtung."[117]

Weiterhin entspricht dem Erweckungsstreben charismatischer Erziehung eine Neigung zu eskapistischen Tendenzen. Webers Ideal dieses Erziehungstyps bedeutet für den Zögling immer auch den „Eintritt in eine besondere Erziehungsanstalt, Umgestaltung der gesamten Lebensführung, Askese, körperliche und seelische Execitia in den verschiedensten Formen zur Weckung der Fähigkeit zur Extasis und zur Wiedergeburt."[118] Dass sich Erziehungsreformer ähnlich bedeutungsschwerer Wendungen bedienten und Webers Begriffe auf das Reformermilieu angewendet wer-

---

114 Vgl. LINSE (Hg.): Zurück o Mensch zur Mutter Erde, S. 25-36 und S. 54-57, sowie HARTEN: Neue Menschen. Kapitel II: Utopien der Pädagogen und Pädagogik der innerweltlichen Erlösung, S. 144-289.

115 SPRANGER: Kultur und Erziehung, S. 162.

116 Lexikon der Pädagogik in 3 Bänden, S. 315.

117 Ebda.

118 WEBER: Wirtschaft und Gesellschaft, S. 677.

den können, soll nochmals eine Stelle aus Eduard Sprangers schon zitiertem Aufsatz „Drei Motive der Schulreform“ belegen: „Der Kern der echten Jugendbewegung [ist] religiös. Alle charakteristischen Merkmale sprechen dafür: Bekehrung, Wiedergeburt, vita nuova, persönliche Offenbarungen. Dem Außenstehenden mag oft genug das Gemeinschaftserlebnis ohne greifbaren Inhalt scheinen. Aber wo es echt ist, da ist es Gemeinschaft im Tiefsten, Wesensoffenbarung, Hingegebensein, und gerade diese an Mystik erinnernde Umrißlosigkeit ist wieder religiös.“[119]

4.2 Der ideale Ort

Ein wesentlicher Anknüpfungspunkt von Lebensreform und reformpädagogischer Bewegung besteht in ihrer Neigung zu räumlichen Idealisierungen.[120] Beide waren ländlich orientiert und in der Annahme vereint, dass die „soziale Wiedergeburt, der Bruch mit der ‚alten‘ Gesellschaft, ... den *unberührten* Raum voraus[setzte], der auf seine Erstbesiedlung wartete.“[121] Als idealer Ort der Erziehung besetzte das Land gegenüber der (Groß-)Stadt schon seit längerem eine besondere Stelle. Für die idealistische Stilisierung ländlicher Räume lassen sich in der neuzeitlichen Pädagogik zahlreiche Beispiele finden: Oelkers erwähnt zum Beispiel den „Orbis Pictus“ und die „Ethica“ des Amos Comenius, Rousseaus „Emile“ sowie Pestalozzis „Lienhard und Gertrud“. „Garten, Dorf und Gemeinde“ sind idealisierende Metaphern von Ungestörtheit und moralischer Reinheit. Sie stellen „Plätze höchster Reduktion“[122] dar, in denen „unter der Voraussetzung kleiner, stabiler und einheitlicher Räume“[123] Erziehungsgeschehen erst beherrschbar erscheint. Übersichtlichkeit und damit einhergehend Kontrollierbarkeit und didaktische Gestaltbarkeit prädestinieren das dörfliche Umfeld als bestmöglichen Erziehungsort. Hinzu kommt das Argument der Unmittelbarkeit des Landes als pädagogischer Erfahrungsraum. Auf dem Lande ist konkret wahrnehmbar, was die Stadt nur vermittelt bieten kann. „So wächst [Rousseaus] Emil in ländlicher Umgebung auf und lernt alle die Künste

119 SPRANGER: Kultur und Erziehung, S. 156.

120 Mit diesem Thema hat sich Jürgen Oelkers vertiefend auseinandergesetzt. Auf zwei seiner Aufsätze nehme ich hier maßgeblich Bezug. – Vgl. im Literaturverzeichnis OELKERS: Von der Welt des Émile zur Erziehungsdiktatur und OELKERS: Erziehungsstaat und pädagogischer Raum.

121 OELKERS: Von der Welt des Émile zur Erziehungsdiktatur. In: LEPP, ROTH, VOGEL (Hg.): Der Neue Mensch, S. 39.

122 OELKERS: Erziehungsstaat und pädagogischer Raum, S. 642.

123 Ebda., S. 645.

spielend üben, wodurch der Naturmensch die erste solide Erkenntnis der Wirklichkeit erlangt. Nicht aus Büchern und Papier gewinnt er ein abstraktes Wissen um die Dinge, sondern durch täglichen Verkehr mit ihnen erreicht er eine wirkliche Vertrautheit mit ihrem Wesen und Verhalten“[124] schreibt Friedrich Paulsen (1846-1908) über das naturalistische Erziehungsmodell Rousseaus, auf das sich Schulreformer gerne bezogen, wenn die Vorteile der Erziehung auf dem Lande belegt werden sollten.

Bei all dem darf nicht vergessen werden, dass auch bei der Stilisierung des Dorfes aus einer bestimmten zeitgenössisch-pädagogischen Sicht Zustände angenommen wurden, die mit der Realität dörflichen Lebens wenig gemein hatten. Weder in den wirtschaftlichen Verhältnissen noch in der den Lernerfahrungen beigemessenen Zeit war ein zur vorletzten Jahrhundertwende auf dem Lande aufwachsendes Kind gegenüber dem durchschnittlichen Stadtkind tatsächlich bessergestellt. Auch waren nicht alle Autoren Feinde der großstädtischen Zivilisation. Johannes Tews (1860-1937) ist einer derjenigen, die ein deutliches Plädoyer für die „Großstadtpädagogik“ aussprechen. Im gleichnamigen Buch lobt er den Lernort Großstadt. Er kann auf die bessere Ausstattung der Schulen genauso verweisen wie auf den Kulturreichtum des öffentlichen Lebens oder die größeren sozialen Aufstiegschancen. Auch die Anonymität des Stadtlebens erscheint ihm weniger abschreckend als vielmehr zur Aufhebung von ständischen Hierarchien geeignet. Alles in allem widerspricht Tews dem Vorwurf der Entartung großstädtischen Lebens, ohne dessen Nachteile gänzlich auszublenden. Sein Resümee fällt folglich anders aus als das der Großstadtgegner: „Die Großstadt ist eine neue Welt. Neue Gedanken bewegen die Geister, ... neue Lebensverhältnisse verlangen, daß [der Großstädter] sich ihnen anpaßt, ihnen gerecht wird und den Kampf mit ungewohnten Widrigkeiten aufnimmt. Insbesondere aber ist das Kind der Großstadt anderen Einflüssen ausgesetzt als in Dorf und Kleinstadt. Diese Dinge heißt es meistern, bezwingen, sich ihnen anpassen. Dann wird die Großstadt nicht das Grab der Menschheit sein.“[125]

Aus Sicht der Reformbewegungen sah die Wirklichkeit freilich anders aus. Agrarromantiker waren vor allem unter den Reformpädagogen keine Seltenheit.[126] Die Gründer alternativer Schulversuche auf dem Lande sahen, wie die Vertreter der Siedlungsbewegung, in ihren Projekten Musterbeispiele. „Die Annahme war, daß ein gelingendes Modell unbe-

124 PAULSEN: Das deutsche Bildungswesen, S. 98.
125 TEWS: Großstadtpädagogik, S. 142.
126 Vgl. LINSE (Hg.): Zurück o Mensch zur Mutter Erde, S. 31.

schränkt viele nach sich zieht, bis der Raum der Gesellschaft mit alternativer Erziehung erfüllt ist."[127]

4.3 Der Weg zu „Neuen Menschen"

Bei aller konzeptionellen Heterogenität innerhalb der Reformbewegungen gilt jedoch, dass „im großen Aufbruch ... sich alle noch einig" waren.[128] Es ist dokumentiert, dass das Ziel der „kulturellen Erneuerung der Menschheit"[129], welches die Lebensreformbewegung vor sich sah, wesentlich durch die Prägung des Nachwuchses erreicht werden sollte. Aus Sicht etlicher Weltverbesserer bildete das Kind für einen Neuanfang den idealen Ausgangspunkt, da es noch frei von gesellschaftlichen Determinanten geschichtslos, gleichsam direkt aus der Natur auf die Welt kommt.[130] Im Kind und in der Jugend sah man den Quell des Neuen schlechthin, eine noch unverdorbene Ursprünglichkeit. Die Herankunft eines „Neuen Menschen" und damit der Weg zur Veränderung der Welt wird wesentlich als *pädagogische Herausforderung* beschworen. Nicht übersehen werden darf dabei, dass die Hoffnungen, die in das Kind als Kulturerneuerer gesetzt wurden, auch zu einer übersteigerten Erwartungshaltung und in neue Formen der Instrumentalisierung des Nachwuchses münden konnten. Aus dem Motiv heraus, die junge Generation nicht dem schädlichen Einfluss der etablierten Zivilisation zu opfern, gab es zahlreiche, bisweilen recht radikale Konzepte zu ihrer Erziehung, so dass manche Unternehmungen zu einer streitbaren Sache wurden. Die Erziehungsschriften der Schulkritiker Ludwig Gurlitt (1855-1931) oder Heinrich Vogeler (1872-1942) etwa sahen die Gründung von „Schulfarmen" vor, die nach dem Modell von Siedlungsgenossenschaften von der übrigen Gesellschaft weitgehend isoliert existieren sollten.[131]

Sicherlich ist es angebracht, angesichts der großen Vielfalt reformpädagogischer Modelle ein kritisches Auge für im Namen des „göttlichen Kindes"[132] ins Leben gerufene Projekte zu bewahren. Die „Freiheit des

---

127 OELKERS: Erziehungsstaat und pädagogischer Raum, S. 641.

128 NIPPERDEY: Deutsche Geschichte 1866-1918, Bd. 1, S. 564.

129 HARTEN: Neue Menschen, S. 134.

130 Vgl. ebda., S. I.

131 Vogelers anarchistisches Schulexperiment „Barkenhoff" scheiterte 1922, kurz nach dessen Gründung, am Entzug der Lehrbefugnis. Man warf dem Initiator vor, er erzöge die Kinder zu staatsfeindlicher Gesinnung (vgl. HARTEN: Neue Menschen, S. 242).

132 Über die Herkunft des romantischen Kindheitsmythos vgl. BAADER; JACOBI in LARASS (Hg.): Kindsein kein Kinderspiel, S. 45-46. – Als Stichwortgeberin für viele bekannte Schlagworte, etwa von der „Majestät des Kindes" oder den „Rechten des Kindes", gilt die schwedische Reformpädagogin Ellen Key (1849-1926) (vgl. ebda., S. 43).

Kindes" als das „zentrale Erkenntnis- und Handlungsmotiv"[133] einer in vielen Versuchsschulen praktizierten Reformpädagogik unterlag leicht der Gefahr ihrer eigenen Opferung. „Im Namen der je neuen Erziehung wird das Kind pädagogisches Objekt, das der Kindheit nur zum Schein die *eigene* Art zugesteht. Weil die Erziehung *höchste* Ziele verfolgt, nichts weniger als den ‚neuen Menschen', kann sie nicht intensiv genug sein, unterstützt durch eigene Psychologien der Kindheit, des Lernens und der Entwicklung, die vor allem Fortschrittserwartungen stützen sollen."[134] Würde man reformpädagogische Praxis jedoch unter Ideologieverdacht stellen, übersähe man schnell den begründeten Anlass für ihre Forderungen, einschließlich der nach einem neuen, erziehungsleitenden Menschenbild. Corona Hepp gelingt es in ihrer Arbeit zur Geschichte der „Wandervogel"-Bewegung, aus Quellen von Schriftstellern wie Stefan Zweig oder Thomas und Heinrich Mann, ein plastisches Bild jener „alten Welt von gestern" zu zeichnen, von dem sich beträchtliche Teile der Jugend zu emanzipieren versuchten. Die bürgerliche Ordnung um die Jahrhundertwende wies zweifelsohne jugendfeindliche und verstaubt konservative Züge auf. Jugendlichkeit war keines ihrer Leitmotive, vielmehr „fürchtete [man] instinktiv ihre Veränderungslust. ... Jungsein galt als unsolide und daher verdächtig."[135] Stefan Zweig schreibt über die Generation seiner Eltern und damit zugleich über den legitimen Habitus der Zeit: „Mein Vater, mein Onkel, meine Lehrer, die Philharmoniker an ihren Pulten waren mit vierzig Jahren alle schon beleibte, würdige Männer. Sie gingen langsam, sie sprachen gemessen und strichen im Gespräch sich die wohlgepflegten, oft schon angegrauten Bärte."[136]

Kindheit und Jugend als Lebensabschnitt mit Eigenwert „entdeckt" zu haben, ist das Verdienst von Jugendbewegung und Reformpädagogik, und die „Erziehung vom Kinde aus" trat mit dem Anspruch auf, eine eingefahrene pädagogische Praxis, in der sich Lehrer und Schüler als Fremde gegenüberstanden und der Schule eine Atmosphäre der Enge und Leblosigkeit anhaftete, zu revolutionieren.

Der Wunsch nach einem Neuanfang kam nicht von ungefähr und der reformpädagogische Einsatz für eine kinderfreundlichere Welt ist ursächlich nicht auf das Wirken gewissenloser Sektierer zurückzuführen. Das veränderte Bild vom Kind und seinen spezifischen Bedürfnissen wurde

133 PRENGEL; SCHMITT: Erziehung vom Kinde aus. In: LARASS (Hg.): Kindsein kein Kinderspiel, S. 219.

134 OELKERS: Von der Welt des Émile zur Erziehungsdiktatur. In: LEPP, ROTH, VOGEL (Hg.): Der Neue Mensch, S. 44.

135 HEPP: Avantgarde, S. 24.

136 ZWEIG: Die Welt von gestern. Erinnerungen eines Europäers. Frankfurt am Main 1967, S. 15; zit. nach HEPP: Avantgarde, S. 23.

„ein bestimmender Ansatz der Schulreform“[137], der anerkannten Versuchsschulgründungen, wie etwa denen der bekannten Landerziehungs- oder Schullandheime, zugrunde gelegen hat.

Die bisherigen Ausführungen haben gezeigt, dass Konzepte der Lebensreformbewegung mit gewissen pädagogischen Ideen zusammengingen und verknüpft wurden. Alternative Erziehungskonzepte der Lebensreformbewegung lassen sich somit kennzeichnen durch:

- eine Sozialisierungsauffassung, die der Einpassung in die rational durchstrukturierte, „mechanische“ Ordnung der modernen Welt ablehnend gegenübersteht,
- ein alternatives Menschenbild, in welchem das Kind zum Ursprung einer neuen Ordnung erhoben war,
- eine Neigung zu räumlichen Idealisierungen mit agrarromantischen, zum Teil auch eskapistischen Tendenzen und dem Bedürfnis nach innerer Abgeschlossenheit,
- eine gedankliche Nähe zur und enge praktische Verknüpfung mit der Reformpädagogik.

Diese Beobachtungen legen nun die Frage nahe, ob sich auch in der Obstbaukolonie Eden, die unter den lebensreformerischen Siedlungen Deutschlands größte Prominenz besaß, eine explizit pädagogische Seite von entsprechender Ausprägung finden lässt, oder ob Eden gar als ein alternatives Erziehungsmodell gelten kann. Da schon die Praxis des Arbeitens und Lebens in der Kolonie Eden Abweichungen von lebensreformerischen Idealen erkennen ließ, wird man nicht damit rechnen können, dass die hier herausgearbeiteten Charakteristika, die zum größten Teil auf nicht realisierten, literarischen Erziehungs- und Gesellschafts*utopien* basieren, bei einer Betrachtung der Wirklichkeit des Edener Erziehungs- und Bildungswesens in deren idealtypischer Weise begegnen werden. Über seine „reinen Typen“ der Herrschaftsformen schreibt Max Weber, dass sie „ja lediglich als für die Analyse besonders wertvolle und unentbehrliche Grenzfälle zu betrachten [sind], zwischen welchen sich die fast stets in Mischformen auftretende historische Realität bewegt hat und noch bewegt.“[138] Auch im folgenden Teil der vorliegenden Studie, der die Geschichte der Edener Schule und ihres pädagogischen Programms zur Darstellung bringt, soll das modellhaft Herausgestellte hauptsächlich dazu dienen, innerhalb der beobachtbaren Realität Zu-

---

137 PRENGEL; SCHMITT: Erziehung vom Kinde aus. In: LARASS (Hg.): Kindsein kein Kinderspiel, S. 207.

138 WEBER: Wirtschaft und Gesellschaft, S. 578.

sammenhänge zum Vorschein zu bringen, die sonst eher unentdeckt blieben.

5. Das Erziehung- und Bildungswesen der Obstbausiedlung Eden

5.1 Verwaltungsgeschichte der Edener Schule (1897-1936)

Die Geschichte der Edener Schule ist weitenteils die Geschichte einer ländlichen preußischen Volksschule. In den Akten zur Edener Schule dominieren deshalb auch die typischen organisatorischen und verwaltungstechnischen Probleme, mit denen diese Schulform zu kämpfen hatte. Immer wieder wird die zahlenmäßige Lehrer-Schüler-Relation sowie die Klassenzahl an der Schule thematisiert.[139] Erst dann werden inhaltliche Fragen des Unterrichts, die reformerischen Besonderheiten der Eden-Schule und die Sorge um deren Bewahrung von Seiten der Kolonieverwaltung verhandelt. Beide Problembereiche vereinen sich in einem zentralen Punkt: der immer wieder entbrennenden Frage nach dem Bestand der Edener Schule überhaupt. Über Jahrzehnte hinweg lässt sich der zähe Kampf der Edener Genossenschaft verfolgen, dessen Inhalt einzig darin bestand, die Kinder der Kolonie selbst zu beschulen, statt sie dem Oranienburger Schulwesen zuzuführen. Dieser Diskurs lief bei vielen Erwägungen, die die gestalterischen Modalitäten der Schulführung betrafen, mit und hatte oberste Priorität. Die Suche nach einem gangbaren Weg war stets eine Gratwanderung zwischen drohender Schließung und dem Wunsch nach optimaler Unterrichtsführung.

Die Verfassung der Schule pendelte im Untersuchungszeitraum zwischen zwei Modellen: der öffentlichen Betreibung als Außenschule der Stadt Oranienburg oder dem Status der Privatschule – geführt als gewöhnliche Privat-, als Familien- oder Atteststschule. Beide Varianten, öffentliche und private Führung, hatten ihre spezifischen Vor- und Nachteile und die Kolonie besaß oft keineswegs Wahlfreiheit darin, welchen der beiden Wege sie einschlagen sollte. Stets stand sie mehr oder weniger unter dem behördlichen Zugriff der preußischen Staats- und Kircheninstanzen, natürlich verstärkt in den Zeiträumen, wo sie als öffentliche Außenschule Oranienburgs geführt wurde. Die Privatschule Eden litt vorwiegend unter finanzieller Überlastung, die zu Beginn der Koloniegeschichte oder in den wirtschaftlichen Krisenzeiten der dreißiger Jahre herrschte.

139 Vgl. zur Lage der ländlichen Volksschulen das Handbuch der deutschen Bildungsgeschichte, Bd. IV (1870-1918), S. 193-196 und Bd. V (1918-1945), S. 166-168.

5.1.1 Die Privatschule 1897-1904

Vier Jahre nach Gründung der Kolonie, am 10. Mai 1897, eröffnete in Eden eine einklassige private Schule, welche nach dem behördlich genehmigten Stundenplan einer Volksschule geführt wurde.[140] Dem Edener Genossen Rudolf Thierfelder war von der Königlichen Regierung in Potsdam[141] gestattet worden, „in der Obstbaukolonie Eden Kinder der zwei ersten Schuljahre zu unterrichten, wenn er sich verpflichtet, wöchentlich 12 Schulstunden zu erteilen."[142] Da es sich um eine Privatschule handelte, hatte sämtliche Kosten die Genossenschaft zu tragen. Bei Eröffnung der Schule wurden sieben Kinder unterrichtet.[143] Ein Jahr darauf gestattete dann die Regierung in Potsdam eine Ausweitung des Unterrichts insofern, „daß auch Kinder über das 10. Lebensjahr hinaus"[144] Aufnahme in die Schule finden durften. Der Unterricht erstreckte sich anfangs auf die ersten drei Schuljahre, während die Kinder vom vierten Schuljahr an der Volksschule in Oranienburg zuzuführen waren.[145]

Die Errichtung einer eigenen Schule in unmittelbarer Nähe der Stadt Oranienburg war keine Selbstverständlichkeit, lag aber von Anbeginn im Interesse der Kolonieverwaltung. Darauf lässt schon der frühe Zeitpunkt ihrer Eröffnung schließen. Es standen 1897 erst 10 Häuser in Eden.[146] Wie wichtig die Schulgründung den Edenern war, erfährt man aus einer Werbeschrift, in der es heißt:

> Untrennbar verknüpft mit dem Ziele unserer Siedlung ist uns die Schaffung einer Schule für unsere Kinder. Diese sollen aufwachsen in Kenntnis und Achtung der Lebensgesetze der Natur, die wir meist erst im Leben durch eigene, oft schwere Erfahrungen erkennen lernen mussten. Wir wollen ein körperlich starkes und geistesfrisches Geschlecht heranziehen. Unsere Kinder sollen der Erfüllung unserer Hoffnungen näher sein als wir; näher dem Menschenglück, gegründet auf Harmonie im Denken und Tun, zwischen Herz und

---

140 Vgl. Regierung in Potsdam an Magistrat und Schuldeputation Oranienburg vom 14.04.1897 (StA Oranienburg Rep. 8 Nr. 2555).

141 Für Schulsachen zuständig war auf Landesebene die Königliche Regierung in Potsdam, Abteilung II für Kirchen- und Schulwesen.

142 Kolonie Eden an Magistrat und Schuldeputation Oranienburg vom 14.04.1897 (StA Oranienburg Rep. 8 Nr. 2555).

143 Vgl. Kolonie Eden an Schulinspektor Püschel vom 20.05.1897 (StA Oranienburg, Rep. 8 Nr. 2435).

144 Schulkommission Oranienburg an Regierung in Potsdam vom 27.05.1898 (StA Oranienburg Rep. 8 Nr. 2555).

145 Vgl. Bericht über den Stand der Verwaltungsangelegenheiten in der Stadt Oranienburg 1899, S. 17.

146 Vgl. StA Oranienburg, Rep. 8 Nr. 2554: REGENER: Zur Geschichte der Edener Schule, Bl. 2. Im folgenden zitiert als „REGENER: Zur Geschichte der Edener Schule".

Kopf, das wir nicht mehr erreichen, sondern nur als Zukunftsziel begreifen und vorbereiten können.[147]

Auf die Umsetzung der Siedlungsziele im Schulbetrieb wird an anderer Stelle noch ausführlicher eingegangen. Sie gehörte zu den Punkten, die Eden immer wieder auch in Konflikt mit den Behörden gebracht hat. Ein anderes Problem stand in den ersten Jahren weit mehr im Vordergrund als die inhaltliche Gestaltung. Ein Beschäftigungsverhältnis an der Edener Privatschule war für die Lehrkräfte eine riskante und entbehrungsreiche Angelegenheit. In erster Linie betraf das den weit unterdurchschnittlichen Verdienst. Dem Gehalt Thierfelders von 600 Mark jährlich[148] stand ein Durchschnittseinkommen preußischer Volksschullehrer auf dem Land von 1108 Mark (1886) entgegen.[149] Zudem war im Gehalt des Edener Lehrers keinerlei Altersversorgung enthalten. Demzufolge war die Fluktuation des Lehrkörpers an der kleinen Edener Schule in den ersten Jahren erheblich. Thierfelder beendete seine Tätigkeit im April 1899. Sein Nachfolger wurde bis April 1900 Ernst Lehmann (geb. 1866). Nach Lehmann hielt das Genossenschaftsmitglied Gustav Forke Unterricht in den weltlichen Fächern. Weil Forke kein ausgebildeter Lehrer war, versah Vikar Däderich aus Oranienburg den Religionsunterricht und fuhr extra zu diesem Zweck zweimal wöchentlich nach Eden hinaus.[150] Ab November 1900 beschäftigte die Kolonie dann mit Eduard Dahlke wieder einen professionellen, wenn auch bereits pensionierten Lehrer, der schon knapp ein halbes Jahr später von Dr. phil. Ernst Steeger (1869-1909) abgelöst wurde. Auf Steeger folgte von Ostern 1903 bis Ostern 1904 Heinrich Paulus.

Nicht nur durch ihre kurze Verweildauer können die ersten Edener Lehrer charakterisiert werden, auffallend häufig sind auch die überlieferten Angaben über ihren in der Regel schlechten Gesundheitszustand.[151]

---

147 Werbeschrift der Obstbausiedlung Eden (1900); zit. nach REGENER: Zur Geschichte der Edener Schule, Bl. 2.

148 Vgl. Kolonie Eden an Schuldeputation Oranienburg vom 20.03.1901 (StA Oranienburg Rep. 8 Nr. 2555).

149 Vgl. MÜLLER: Grundriß der Geschichte des preußischen Volksschulwesens. Osterwieck und Leipzig 1914; zit. nach NIPPERDEY: Deutsche Geschichte 1866-1918, Bd. 1, S. 543. – Im Jahre 1901 betrug das Durchschnittseinkommen sogar 1472 Mark.

150 Vgl. Kolonie Eden an Schuldeputation Oranienburg vom 20.03.1901 (StA Oranienburg Rep. 8 Nr. 2555).

151 „Lehrer Lehmann war nervös und abgearbeitet, als er nach Eden kam. Er wollte sich hier erholen" (REGENER: Zur Geschichte der Edener Schule, Bl. 3). – Über den gutherzigen Lehramtskandidaten Dr. Steeger schreibt sein früherer Vorgesetzter in einer Beurteilung: „Mit gründlichem + vielseitigem Wissen verbindet Herr Dr. Steeger gewissenhaften Fleiß + unermüdliche Treue, damals über seine Kräfte hinaus. ... Schule und Kollegen denken mit Liebe an ihn. ... Er ist ein Mann, bei dem der Vorgesetzte vor allem darauf achten muß, daß er sich nicht überanstrengt, kleine Mißerfolge nicht so tragisch nimmt,

5.1.2 Die öffentliche Außenschule Oranienburgs (1904-1927)

In die unübersichtliche und nicht zuletzt für die wachsende Schülerschaft belastende Situation wurde Ende 1903 durch die Schulbehörden eingegriffen. Der Magistrat Oranienburg sandte am 30.12.1903 ein Schreiben an die Regierung in Potsdam, das die Verhältnisse umriss und für die weitere Entwicklung die Weichen stellte. Darin heißt es:

> Die der Eden-Kolonie hier erteilte widerrufliche Konzession zum Betriebe einer Privatschule hat wiederholt zu Bedenken in sofern Anlaß gegeben, als es bisher nicht möglich gewesen ist, zu dauernder oder auch nur zu längerer Amtsführung einen Lehrer zu gewinnen, ... sodaß der Königlichen Regierung das Bedenken erwachsen ist, ob überhaupt dort die Schulkonzession zu belassen ist, da es der Kolonie offenbar an der Fähigkeit fehle, konsolidierte Verhältnisse zu schaffen.
> Bei der Bedeutung der Schule für das Gedeihen der Eden-Kolonie und bei dem Interesse der Stadtgemeinde, schon der räumlichen Entfernung wegen für die Abbauten[152] in der dortigen Gegend eine näher gelegene Schule zu haben, endlich auch das Anwachsen der Schülerzahl in der Stadtschule zurückzuhalten, ist die Frage berechtigt, ob ein billiger Ausweg zu finden ist.
> Wir schlagen vor, zu beschließen:
> Den Lehrer an der Eden-Schule öffentlich-rechtlich als Oranienburger Lehrer, der zur Schulhaltung nach Eden detachiert wird, anzustellen, sofern die Eden-Kolonie das Schullokal mit Heizung und Beleuchtung, Reinigung, mit Lehr- und Lernmitteln kostenlos für die Stadt vorhält, ferner einen jährlichen Barzuschuß von 1500 M an die Kämmereikasse leistet. Ein etwa von der Königlichen Regierung zu gewährender Barzuschuß für die Schule soll auf diesen Beitrag der Kolonie verrechnet werden.
> Der Eden-Kolonie würde bezüglich der Person des Lehrers das Präsentationsrecht zustehen.[153]

---

in seinem Selbstbewußtsein gehoben wird. ... Nur darf er sich nicht durch seine Hingabe für das Wohl anderer verleiten lassen, sich selbst ganz zu vergessen. Er scheint mir ja jetzt sehr viel kräftiger, aber eine unablässige Anspannung würden seine Nerven nicht verkraften" (Direktor der Oberrealschule und Realschule vor dem Holstentor in Lübeck an Schuldeputation Oranienburg vom 02.07.1901 [StA Oranienburg, Rep. 8 Nr. 2435]). – Von Heinrich Paulus erfährt man aus einem Bericht der kirchlichen Schulaufsicht: „Herr Lehrer Paulus kam nach Eden, um seine zerrüttete Gesundheit wiederherzustellen. Innerlich ohne rechten Halt hatte seine Wirksamkeit keinen rechten Erfolg. Wäre er nicht selbst freiwillig gegangen, hätte man ihn gehen heißen. Es wäre zu wünschen, daß er sich aus seiner Zerfahrenheit durch Gottes Hilfe aufgerafft hätte. Vielleicht geht es jetzt besser" (Schulinspektor Püschel an Regierung in Potsdam und Schuldeputation Oranienburg vom 19.09.1907 [BLHA, Rep. 2 A Regierung Potsdam II N Nr. 544]).

152 Zum Stadtgebiet Oranienburg gehörende Vororte wie Eden, Albertshof oder Luisenhof.

153 Anlage b zum Schreiben des Magistrats von Oranienburg an die Regierung in Potsdam vom 30.12.1903 (BLHA, Rep. 2 A Regierung Potsdam II N Nr. 544).

Durch die nun folgende Eingliederung der Privatschule in das öffentliche Schulwesen Oranienburgs ergaben sich nicht nur erwünschte Veränderungen. Eden fürchtete vor allem einen Autonomieverlust in der Schulführung. Ein verstärkter Zugriff durch die Schuldeputation des Magistrats Oranienburg war in den Folgejahren dann auch deutlich spürbar, und nur selten herrschte zwischen Eden und dem Magistrat Einvernehmen. Latent störend wirkte beispielsweise der Umstand, dass der Kolonie das Recht entzogen war, ausschließlich *ihre* Kinder zu beschulen. Welche Kinder der öffentlichen Volksschule zugeführt wurden, entschied nun der Magistrat der Stadt Oranienburg.

Das gewissermaßen erkaufte Lehrervorschlagsrecht, das im letzten Absatz des soeben zitierten Schreibens erwähnt wird, ist als Bemühen um Eigenständigkeit und um „pädagogische Bewegungsfreiheit“[154] zu deuten. Zwar unterlag das Berufungsrecht für den Lehrer de facto der Königlichen Regierung in Potsdam, diese verpflichtete sich jedoch, „die Wünsche der Kolonie-Verwaltung nach Möglichkeit [zu] berücksichtigen.“[155]

Der erste so angestellte Edener Lehrer wurde der damals 23jährige Walter Dittmann aus Brieg.[156] Als Anhänger der Jugend- und Kunsterziehungsbewegung und ausgerüstet mit modernen Erziehungsvorstellungen, gewährleistete Dittmann, dass die Schulhaltung den Reformvorstellungen Edens entsprach. Während seiner Amtszeit expandierte die Schule so, dass 1906 ein größerer Raum für Schulzwecke eingerichtet werden musste.[157]

Die stetig steigende Schülerzahl stand dem Bemühen um eine niveauvolle Schulführung entgegen. Deshalb erbat die Kolonie 1907 erstmals

154 SCHMITT: Topographie der Reformschulen in der Weimarer Republik. In: AMLUNG, HAUBFLEISCH, LINK, SCHMITT (Hg.): Die alte Schule überwinden, S. 16.

155 Regierung in Potsdam an Magistrat Oranienburg vom 05.02.1904 (BLHA, Rep. 2 A Regierung Potsdam II N Nr. 544).

156 Vgl. ebda.

157 Vgl. Kolonie Eden an Schuldeputation Oranienburg vom 05.08.1907 (StA Oranienburg Rep. 8 Nr. 2555). – Die Schülerzahl hatte sich von 14 Schülern 1904 auf 38 Schüler 1908 fast verdreifacht. Informationen zur Raumnot der Eden-Schule enthält auch der Briefwechsel zwischen Dittmann und dem Magistrat aus den Monaten Juni und Juli 1906. Es war durchgedrungen, in Eden seien schulpflichtige Kinder vorzufinden, welche die Schule nicht besuchten, weil der für 22 Kinder ausgelegte Raum die 36 schulpflichtigen Kinder nicht mehr aufnehmen könne. Dittmann schrieb am 18.06.1906 eine Entgegnung, wurde aber dennoch von der Schuldeputation gerügt, die wie schon 1903 mit Schließung der Schule drohte (Vgl. Bericht des Lehrers Walter Dittmann über Nicht-Aufnahme mehrerer schulpflichtiger Kinder Ostern 1906 [übersandt an Magistrat Oranienburg] vom 18.06.1906 und Schuldeputation Oranienburg an Dittmann vom 21.07.1906 [StA Oranienburg Rep. 8 Nr. 2555]).

von der Stadt die Bezahlung einer zweiten Lehrkraft.[158] Über die Berechtigung dieses Anspruchs begann ein langer Streit mit den Behörden. Die in dem sich mit Unterbrechungen bis in die dreißiger Jahre hinstreckenden Briefwechsel gebrauchten Argumente blieben stets dieselben. Der Magistrat lehnte ab, „für eine Außenschule ... die gleichen öffentlichen Mittel zu verwenden, wie sie das städtische Schulwesen verwendet."[159] Eden beharrte dagegen auf dem Recht, für seine Kolonie eine eigene Schule zu führen. Als Hauptgrund wurde der zu weite Schulweg bis zur 1. Gemeindeschule Oranienburgs genannt. Hinter der Forderung nach der eigenen Schule stand aber auch das Ziel, die in Eden bestehenden „Eigenarten der Bodenbesitzreform, Alkoholenthaltsamkeit und natürlicher Lebensweise ... in Schule und Haus zu pflegen."[160] Gegenüber den Behörden wurde der Wunsch, mit seinen Kindern in Eden „unter sich" zu bleiben, meist nur verhalten geäußert. Man versuchte vielmehr, die Ziele der Kolonie und deren Schule zu den jeweils geltenden öffentlichen Werten kompatibel zu formulieren, um dadurch ein Einsehen zu erwirken.[161] Im Interesse einer günstigen Entscheidung war Eden darum bemüht, seine Siedlung nicht als exotische Exklave darzustellen. Zu Beginn des Jahrhunderts beispielsweise warb die Kolonie für sich und ihre Schule als ganz dem staatlich geförderten Gedanken des Baugenossenschaftswesens verpflichtete „gartenmäßige Ansiedlung von Einfamilienhäusern."[162]

---

158 Vgl. Kolonie Eden an Schuldeputation Oranienburg vom 05.08.1907 (StA Oranienburg Rep. 8 Nr. 2555).

159 Schuldeputation Oranienburg an Kolonie Eden vom 24.10.1907 (StA Oranienburg Rep. 8 Nr. 2555).

160 Kolonie Eden an Schuldeputation Oranienburg vom 28.02.1911 (StA Oranienburg Rep. 8 Nr. 2555).

161 In Kriegs- und Krisenzeiten wurden die Wünsche besonders offenkundig in moderate Worte gekleidet. Oberstes Erziehungsziel seien „körperlich gesunde, sittlich reine, staatsfreudige und ihr Deutschtum offen und ehrlich bekennende Menschenkinder", heißt es 1917 (Kolonie Eden an Regierung in Potsdam vom 03.04.1917 (BLHA, Rep. 2 A Regierung Potsdam II N Nr. 544). – „Es wird in dieser Notzeit viel getan, um Volksgenossen den Weg aufs Land zu ebnen. Damit ist auf das Engste verbunden, die Beschulungsmöglichkeiten der Siedlerkinder in den Siedlungen", schreibt man 1932 (Kolonie Eden an Regierung in Potsdam vom 21.01.1932 [BLHA, Rep. 2 A Regierung Potsdam II N Nr. 544]). – In einem Antrag von 1935 wird bemerkt, „daß durch die nationalsozialistische Literatur über Schulfragen eine zu starke Zentralisierung als unerwünscht bezeichnet und ein Hineinlegen kleinerer Schulen in geschlossene städtische Siedlungen gefordert wird" (Kolonie Eden an den Oranienburger Bürgermeister vom 02.02.1935 [BLHA, Rep. 2 A Regierung Potsdam II N Nr. 544]).

162 Kolonie Eden an Schuldeputation Oranienburg vom 05.08.1907 (StA Oranienburg Rep. 8 Nr. 2555).

Abb.5: Walter Dittmann, Edener Schulkinder (um 1908)

Für die Entwicklung Edens hatte die Schule in zweierlei Hinsicht eine nicht zu unterschätzende Bedeutung. Mittelbar war die eigene Schule Garant für die Durchsetzung lebensreformerischer Erziehungsziele; ihr Wohlergehen stand aber auch in direktem Verhältnis zum jeweils aktuellen Expansionsbemühen der Kolonie. Eindeutig bringt dieses Argument eine dreiseitige Bittschrift an die Regierung in Potsdam aus dem Jahre 1917 auf den Punkt:

> Unter den Schulverhältnissen hat sie [die Kolonie Eden] immer sehr gelitten weil ihr sehr wertvolle Zuzügler ferngeblieben sind, da sie für ihre Kinder hier die nötige Schulbildung nicht zu erhalten vermochten. Unter den hier Lebenden macht sich über die unzulänglichen Leistungen der einklassigen Volksschule dauernd Unzufriedenheit breit und es ist schon vorgekommen, dass Eltern deswegen der Siedlung wieder den Rücken gekehrt haben, um Orte aufzusuchen, wo die Schulverhältnisse besser sind. Es ist eine Lebensfrage für die Zukunft Edens geworden und wir bitten daher die Königl. Regierung ebenso herzlich wie dringend uns in dieser Sache beizustehen und ihren Einfluss dahin geltend zu machen, dass uns die Anstellung der zweiten Lehrkraft ganz aus unseren eigenen Mitteln, wenn auch im Privatverhältnis, ermöglicht werde.[163]

---

163 Kolonie Eden an Regierung in Potsdam vom 03.04.1917 (BLHA, Rep. 2 A Regierung Potsdam II N Nr. 544).

Die Edener fühlten sich von den Behörden stiefmütterlich behandelt, weil Oranienburg von der Siedlung zwar als Steuerquelle profitierte, die Kolonie im Gegenzug aber so gut wie leer ausging. Zur Erinnerung: Neben sämtlichen für die Schule anfallenden sächlichen Kosten hatte sie gegen das Lehrervorschlagsrecht zusätzlich einen erheblichen Teil des Lehrergehaltes beizusteuern.[164] So wurde nach und nach die Schulangelegenheit zu einem brisanten Streitpunkt, der die Beziehungen zwischen Eden und dem Magistrat der Stadt Oranienburg nachhaltig belastete. Auf der Edener Seite wuchs die Verbitterung durch die in der Lehrerfrage ablehnende Position der Stadtverwaltung. Sie wuchs umso mehr, als selbst weitere finanzielle Zugeständnisse die Behörden nicht dazu bewegen konnten, für Eden eine zweite Lehrerstelle zu bewilligen. Eindrucksvolle Zeugnisse der Auseinandersetzung findet man auch in den Edener Mitteilungen. Hier ein Artikel aus dem Jahre 1914, der als gute Zusammenfassung der Edener Argumente und Strategien, aber auch des Verdrusses gelten kann und ferner über die zur Sache gehörende finanzielle Seite Auskunft gibt:

> In Nr. 3 (Oktober) vom vorigen Jahre berichteten wir hoffnungsfreudig: „Nach langen Verhandlungen und nachdem wir weitere materielle Opfer zu bringen uns bereiterklärt haben, ist von der Schuldeputation in Oranienburg die Anstellung noch eines Lehrers für die Schule in Eden bei der Kgl. Regierung beantragt worden. Wir hoffen zu Ostern 1914 also mit zwei Lehrern die Schule dreiklassig fortzusetzen. Eine Anzahl Gesinnungsfreunde haben sich schon um die Stelle beworben, doch ist für Meldungen noch Zeit."
>
> Leider brachte uns eine nach langem Zögern gegebene Entscheidung des Magistrats unserer guten Stadt Oranienburg, in deren Gemeindeverband wir (leider!) gehören, arge Enttäuschung!
>
> Der Antrag an die Regierung ist *nicht* gestellt worden. Die Etatsverhältnisse der Stadt zwingen zur äußersten Sparsamkeit – und so spart man denn, wie gewöhnlich, an kleinen, wenn auch nötigen Ausgaben, um die großen zu machen! Die Stadt hat sich in den letzten Jahren mit ungeheuren Ausgaben belastet für „höhere" Schulen, Kanalisationen, Pflasterungen u. dgl., Einrichtungen, an denen wir kein Interesse haben, und die uns nichts nutzen – ja die wir (z.B. die Kanalisation) ablehnen würden, wenn uns nicht schon unsere Lage davon ausschlösse. Mitgefangen – mitgehangen! Wir müssen die fortgesetzt steigenden Gemeindesteuern mitzahlen – aber unsere bescheidenen Wünsche auf Verbesserung unserer Schule, zu der wir wiederum erheblich selbst beisteuern wollen, werden abgelehnt! Die nachfolgende Darstellung unserer Leistungen zeigt, daß unser Ansuchen an die Stadtgemeinde nicht unbillig ist.

164 Alles in allem 2100 M pro Jahr (Vgl. Anlage I, Pkt. III des Schreibens Kolonie Eden an Magistrat Oranienburg vom 28.02.1911 [StA Oranienburg Rep. 8 Nr. 2555]).

Leistung der Obstbau-Kolonie Eden für ihre Schule.

Die Durchschnittsleistung der Stadt für Gemeindeschüler der städtischen Schulen war bisher 50 M. pro Kind jährlich. Die Kolonie Eden zahlt für den an der Edener Schule tätigen Lehrer seit 1904 bereits jährlich 1500 M. an die Stadtkasse zurück – und wird 2500 M. zahlen, sobald der zweite Lehrer angestellt ist. Bei einer Zahlung der Obstbau-Kolonie Eden in Höhe von 2500 M. werden der Stadtkasse von obigen ca. 50 M. pro Kind seitens der Kolonie 41,65 M. bar zurückgewährt (60 Kinder in Eden angenommen) außer den allgemeinen steuerlichen Leistungen!
Der Oranienburger Schuletat weist nach für Gemeindeschulen 97 300 M. Ausgaben, das sind pro Kopf der Einwohner ca. 7,50 M. Für 360 Eden-Einwohner entfallen also 2700 M., wohingegen die Stadt bisher nur etwa 1200 M. Kosten der Edener Schule zu tragen hatte, und bei Anstellung des zweiten Lehrers in Eden künftig etwa 2500 M. leisten müßte.[165]

Der Edener Schulstreit ist reichhaltig dokumentiert. Wieder und wieder wurde dem Magistrat vorgerechnet, dass der Ausbau der Schule und in dessen Folge das Wachstum der Kolonie sich über größere Steuereinnahmen auch für die Stadt lohnen würde, doch blieb dies alles lange erfolglos. An dieser Stelle dürfte von Interesse sein, warum die Stadtverwaltung kein Entgegenkommen signalisierte.

Die Ablehnung der Anstellung einer aus öffentlichen Geldern bezahlten zweiten Lehrerstelle mit dem Argument, dass „bei einer Schülerzahl von unter 70 ein unbedingtes Bedürfnis hierzu noch nicht vorliegt“[166], erscheint heute zwar absurd, musste aber damals als verwaltungstechnisch gerechtfertigt gelten. Als ministerieller Richtwert der Klassenfrequenz, die in einklassigen Schulen zugleich der Schüler-Lehrer-Relation entsprach, waren in Preußen maximal 80 Schüler festgesetzt, ein Wert, der in vielen Landesteilen aber weit überschritten wurde. Im Regierungsbezirk Minden etwa wurden an 70,8 Prozent aller Landschulen von einem Lehrer 120-200 Kinder gleichzeitig unterrichtet.[167]

Schwerer nachvollziehbar ist die Ablehnung, wenn man berücksichtigt, dass Eden sich zur Aufstockung der Schulbeiträge bereit erklärte. Die Elternschaft vertrat mehrheitlich die Position, dass eine gute Schulbildung ihr Geld wert war und hatte vorgeschlagen, die zweite Lehrerstelle großzügig zu bezuschussen.[168] Was die Edener forderten: nicht mehr als

---

165 JACKISCH, Otto: Von der Edener Schule. In: Edener Mitteilungen. 9(1914), S. 4-7.

166 Magistrat Oranienburg an Kolonie Eden vom 24.10.1910 (StA Oranienburg Rep. 8 Nr. 2555).

167 Vgl. BERG (Hg.): Handbuch der deutschen Bildungsgeschichte, Bd. IV, S. 194 f.

168 Ein Vorschlag aus dem Jahre 1911 sieht vor: „Die Kolonie Eden zahlt anstelle der bisherigen 1500 M p.a. an die Stadtkasse pro Kopf der die Edener Schule besuchenden Kinder jährlich 25 Mark, mindestens jedoch p.a. 2000 M. (außer der vollen Kommunalsteuer,

dreißig Schüler pro Klasse zu führen[169], scheint heute nur recht und billig, doch im öffentlichen Volksschulwesen des Kaiserreichs musste es illusionär bleiben. Und so wurde auch der 1917 gestellte Antrag kurzerhand abgelehnt: „Die Anstellung einer Lehrerin neben einem Lehrer an der dortigen Volksschule mit nur 46 Schulkindern kann nicht genehmigt werden.“[170]

Es blieb bei einem Lehrer. Nach dem Fortgang Walter Dittmanns unterrichtete von 1908 bis zum Beginn des Ersten Weltkrieges Otto Kohnert an der Schule, der trotz seines kurzen Wirkens zur namhaftesten Erziehergestalt Edens wurde.[171] Als er 1914 in den Krieg zog, wurde er auf Koloniekosten durch die Lehrerin Lengnick vertreten. Sie fiel aus gesundheitlichen Gründen im März 1915 weg, woraufhin Eden bei der Regierung in Potsdam anfragte, „ob nicht von den jetzt aus den abgeschlossenen Seminarkursen kommenden jungen Lehrern einer als Vertreter hierher geschickt werden kann. ... Wenn irgend möglich bitten wir einen Alkohol-Abstinenten (und tunlichst Nichtraucher) auszuwählen, da die Eltern hiesiger Schulgemeinde diese Enthaltsamkeit üben, und ihre Kinder in gleicher Weise – auch durch das Beispiel des Lehrers – beeinflußt sehen möchten.“[172] Nach Ablehnung auch dieses Antrags[173] erhielt Eden Unterstützung von der Frau des befreundeten Lehrers Behnsen aus Barsinghausen bei Hannover, die die Schulstelle zu übernehmen bereit war.[174] Martha Behnsen hat in Eden nicht lange unterrichtet.[175] Nach ihr wurde

---

wie bisher)“ (Anlage I, Pkt. III des Schreibens Kolonie Eden an Magistrat Oranienburg vom 28.02.1911 [StA Oranienburg Rep. 8 Nr. 2555]). – Im August wird dieses Angebot auf 2250 Mark erhöht (vgl. Kolonie Eden an Magistrat Oranienburg vom 26.08.1911 [StA Oranienburg Rep. 8 Nr. 2555]). – 1917 wird ein neuer Vorschlag unterbreitet: „Bezuschussung zur ersten Lehrerstelle mit nach wie vor 1500 M durch die Kolonie und der zweiten mit 1000 Mark jährlich, welche durch die Elternschaft aufgebracht werden soll“ (Kolonie Eden an Regierung in Potsdam vom 03.04.1917 [BLHA, Rep. 2 A Regierung Potsdam II N Nr. 544]).

169 Vgl. KOHNERT: Aufgabe der Schule im Wirken für die ländliche Siedlung. In: Edener Mitteilungen. 8(1913), S. 5.

170 Regierung in Potsdam an Kolonie Eden vom 24.04.1917 (BLHA, Rep. 2 A Regierung Potsdam II N Nr. 544).

171 Vgl. Kapitel 5.2.

172 Eine behördliche Marginalie vermerkt dazu: „Dann bin ich für diese Stelle nicht geeignet“ (Kolonie Eden an Regierung in Potsdam vom 29.03.1915 [BLHA, Rep. 2 A Regierung Potsdam II N Nr. 544]).

173 Vgl. Regierung in Potsdam an Kolonie Eden vom 06.04.1915 (BLHA, Rep. 2 A Regierung Potsdam II N Nr. 544).

174 Vgl. Kolonie Eden an Regierung in Potsdam vom 08.04.1915 (BLHA, Rep. 2 A Regierung Potsdam II N Nr. 544).

175 Sie hatte sich parallel zu ihrer Bewerbung in Eden auch in Barsinghausen für eine Vollbeschäftigung beworben und sich zuletzt wohl für die dortige Stelle entschieden (Schulrektor Schütte [Barsinghausen] an Schulinspektor Peters [Kreisschulinspektion Hannover] vom 14.05.1915 [BLHA, Rep. 2 A Regierung Potsdam II N Nr. 544]).

Kohnert ab dem 01.09.1915 durch Kati Lotz vertreten. Den Religionsunterricht übernahmen nacheinander zwei evangelische Lehrerinnen aus Oranienburg, da Lotz als Katholikin dafür nicht in Frage kam.[176]

Nachdem Kohnert am 14.05.1916 vor Verdun gefallen war, erhielt Kurt Lindner (1882-1935) am 01.01.1917 das Amt des Lehrers an der öffentlichen Volksschule Eden. Eden hatte nun für drei Monate mit ihm und Kati Lotz zwei Lehrkräfte.[177] Doch selbst ein lobendes Revisionsurteil über den Zustand der Schule bei besseren Personalbedingungen[178] und die von Eden signalisierte Bereitschaft zur Erhöhung seiner Beiträge[179] verklangen wirkungslos. Kati Lotz verließ Eden noch im selben Jahr.[180]

Erst drei Jahre später kam Bewegung in die Debatte um Einstellung einer zweiten Lehrkraft. Mittlerweile hatte die Schule 56 Schulkinder zu unterrichten, was möglicherweise die Behörden dazu bewog, bei finanziellem Entgegenkommen durch die Kolonie, nun endlich das Personal aufzustocken.[181] Zum 01.06.1920 konnte Elfriede Tröger (die spätere Frau Schwarz, geb. 1891) in den Dienst treten.[182] Doch auch diesmal drohte die Beschäftigung zweier Lehrer nur ein vorübergehender Zustand zu bleiben. Die Inflationszeit gilt schulpolitisch als „Abbauzeit“ und so wurde Frau Schwarz 1923 ein Opfer der Geldentwertung und Finanzschwäche

176 Vgl. Lotz und Kolonie Eden an Schulinspektor Thiele vom 23.08.1915 (BLHA, Rep. 2 A Regierung Potsdam II N Nr. 544).

177 Vgl. Kolonie Eden an Regierung in Potsdam vom 03.04.1917 (BLHA, Rep. 2 A Regierung Potsdam II N Nr. 544).

178 Vgl. Schulinspektor Rehse an Regierung in Potsdam: Bericht über den am 16. März 1917 ermittelten Zustand der Schule zu Eden vom 22.03.1917 (BLHA, Rep. 2 A Regierung Potsdam II N Nr. 544).

179 Vgl. Schulinspektor Thiele an Magistrat Oranienburg vom 25.01.1917 und Kolonie Eden an Magistrat Oranienburg vom 30.03.1921 (StA Oranienburg Rep. 8 Nr. 2555).

180 Ihrem Wirken in Eden schloss sich ab August 1917 ein zunächst zwei Jahre währender Aufenthalt in der von Paul Geheeb geführten Odenwaldschule an (vgl. SCHWITALSKI, S. 334).

181 Das erste auskunftgebende Dokument ist bereits vor dem Hintergrund vollendeter Tatsachen verfaßt worden. In einem Brief der Kreisschulinspektion Bernau nach Oranienburg wird empfohlen, „die 2. Lehrerstelle sofort zu besetzen, damit die Schule gleich nach Ostern nach dem neuen Plane arbeiten kann“ (Schulinspektor Schwabe an Magistrat Oranienburg vom 10.03.1920 [BLHA, Rep. 2 A Regierung Potsdam II N Nr. 544]).

182 Vgl. Schulinspektor Hammermann an Regierung in Potsdam vom 06.08.1920 (BLHA, Rep. 2 A Regierung Potsdam II N Nr. 544). – Tatsächlich hatte Frl. Tröger schon zum 01.04.1920 mit dem Unterrichten begonnen.

Edens.[183] Auch durch die auf 40 gesunkene Schülerzahl wurde der Stellenabbau gerechtfertigt.[184]

Die Kolonie, die auf ihre zweite Lehrkraft nicht verzichten wollte,[185] behalf sich mit der selbstverantworteten, eigenfinanzierten Einstellung des „Junglehrers" Reinhold Brinkmann (geb. ca. 1903) aus Eden. Brinkmann war bereit, gegen relativ geringe Bezahlung für die kleineren Kinder der Kolonie Unterricht zu halten. Sein unterbezahltes Beschäftigungsverhältnis wurde zwar von der übrigen Lehrerschaft Oranienburgs kritisiert,[186] vom Magistrat aber letztlich doch als „Privatsache" geduldet.[187]

Der so geschaffene Frieden währte nicht lange – schon bald brach der Schulstreit erneut aus. Durch die Inflation war der Finanzierungsmodus der Edener Schule durcheinandergeraten und nach Ansicht des Magistrats stand die Kolonie Eden für 1924 und 1925, später dann auch für 1926 mit den Zuschusszahlungen für das Gehalt des ersten Lehrers (Lindner) im Verzug.[188] Eden bezahlte zur Zeit des beginnenden Finanzierungskonfliktes ausschließlich Brinkmann und lehnte eine Bezuschussung Lindners ab.[189] Auf die Wiedergabe des nun folgenden seitenfüllenden und verworrenen Strategiespiels zwischen dem Magistrat und der Kolonie Eden verzichte ich hier.[190] Alles Verhandeln konnte keine Bereinigung der Zwistigkeiten herbeiführen. Am 28. September 1926 erging vom Kolonievorstand ein verbitterter Brief an den Magistrat, der eine erstaunliche

183 Vgl. Magistrat Oranienburg an Kolonie Eden vom 25.06.1923 (StA Oranienburg Rep. 8 Nr. 2555). – Im Herbst 1923 litt Eden neben der Inflation unter dem Ausbleiben der Obsternte (vgl. Kolonie Eden an Magistrat Oranienburg vom 20.10.1923 [StA Oranienburg Rep. 8 Nr. 2555]).

184 Vgl. Schulrat Schwabe an Regierung in Potsdam vom 14.07.1924 (BLHA, Rep. 2 A Regierung Potsdam II N Nr. 544).

185 Vgl. Abschrift aus dem Protokollbuch des Magistrats Oranienburg vom 14.06.1924 (StA Oranienburg Rep. 8 Nr. 2555).

186 Vgl. Schulrat Schwabe an Regierung in Potsdam vom 14.07.1924 (StA Oranienburg Rep. 8 Nr. 2555 und BLHA, Rep. 2 A Regierung Potsdam II N Nr. 544).

187 Vgl. die Abschrift aus dem Protokollbuch des Magistrats Oranienburg vom 19.01.1926 (StA Oranienburg Rep. 8 Nr. 2555).

188 Vgl. Magistrat Oranienburg an Kolonie Eden vom 19.12.1925 (StA Oranienburg Rep. 8 Nr. 2555). – Hintergrund war der Zahlungsstopp für die erste Lehrerstelle nach Kohnerts Kriegseintritt. Zwar hatte Eden seine Vertretung (Schwarz, später Brinkmann) aus eigener Tasche bezahlt, nicht aber die legitime Kohnertnachfolge (die „erste" Lehrerstelle) Lindner (vgl. Kolonie Eden an Magistrat Oranienburg vom 04.01.1926 ([StA Oranienburg Rep. 8 Nr. 2555]).

189 Vgl. Kolonie Eden an Magistrat Oranienburg vom 04.01. und vom 07.04.1926 (StA Oranienburg Rep. 8 Nr. 2555).

190 Man kann ihn in den Akten StA Oranienburg Rep. 8 Nr. 2555 und BLHA, Rep. 2 A Regierung Potsdam II N Nr. 544, des Zeitraums 16.12.1925-23.09.1927 ausführlich nachlesen.

Konsequenz enthält: „Wir haben in der Zeit der Arbeitslosigkeit weitgehendst Erwerbslose eingestellt und beschäftigt; wir haben in jeder Weise Lokalpolitik getrieben. Sie nehmen uns mit Ihrer Unfreundlichkeit die freundliche Einstellung für Oranienburg. Die Edener Körperschaft hat deshalb – sofern ein Entgegenkommen von Ihnen nicht getätigt wird, beschlossen, die Edener Aussenschule aufzugeben."[191]

Die Auflösung der Volksschule Eden ging dann ihren Gang, als handele es sich um einen normalen bürokratischen Vorgang: Information der verantwortlichen Instanzen,[192] Kündigung Brinkmanns[193] und Versetzung Lindners an die evangelische Volksschule in Oranienburg.[194] Durch die Regierung in Potsdam wurde verfügt, dass die 77 Kinder, die zu diesem Zeitpunkt in Eden beschult wurden, ab Ostern 1927 die Volksschulen Oranienburgs besuchen sollten.[195] Der Schulrat bemerkte: „Es ist bedauerlich, daß die Edener Außenschule aufgehoben werden soll. Sie hatte entsprechend der Kolonie ihren eigenen Charakter."[196] Eden selbst äußerte gegenüber dem Magistrat: „Mit der Aufgabe der Edener Aussenschule glauben wir einen zwischen uns und dem Magistrat Oranienburg bestehenden wunden Punkt aus der Welt geschafft zu haben. ... Wir würden uns freuen, wenn das weitere gute Verhältnis, was sonst in unserer gesamten Arbeit uns mit der Stadt verbindet, aufrecht erhalten werden kann."[197]

Zur Auflösung der Edener Volksschule stellen sich einige Fragen. Warum opferte die sonst in dieser Frage so beharrliche Kolonie ihre Schule zu einer Zeit, als sich nach der Inflation ein wirtschaftlicher Auf-

---

191 Kolonie Eden an Magistrat Oranienburg vom 28.09.1926 (StA Oranienburg Rep. 8 Nr. 2555).

192 Vgl. Kolonie Eden an Regierung in Potsdam vom 09.02.1927 und Magistrat Oranienburg an Regierung in Potsdam vom 22.06.1927 (BLHA, Rep. 2 A Regierung Potsdam II N Nr. 544). – Die wichtigste Stelle wurde allerdings vergessen. Die Aufhebung der Volksschule hätte durch den Preußischen Minister für Wissenschaft, Kultur und Volksbildung bestätigt werden müssen. Dieser Fehler, den die Regierung in Potsdam zu verantworten hatte, sollte zwei Jahre später noch einige Verwirrung stiften. Vgl. Anm. 221.

193 Vgl. Kolonie Eden an Magistrat Oranienburg vom 08.02.1927 (StA Oranienburg Rep. 8 Nr. 2555).

194 Vgl. Regierung in Potsdam an Lindner vom 22.07.1927 (StA Oranienburg, Rep. 8 Nr. 2479).

195 Vgl. Magistrat Oranienburg an Regierung in Potsdam und an Schulrat Schwabe vom 29.02.1927 (BLHA, Rep. 2 A Regierung Potsdam II N Nr. 544).

196 Anmerkung der Kreisschulinspektion (Schulrat Schwabe) vom 16.02.1927 zum Schreiben Magistrat Oranienburg an Regierung in Potsdam vom 29.02.1927 (BLHA, Rep. 2 A Regierung Potsdam II N Nr. 544).

197 Kolonie Eden an Magistrat Oranienburg vom 08.02.1927 (StA Oranienburg Rep. 8 Nr. 2555).

schwung erneut abzuzeichnen begann?[198] Der Zahlungsverzug als solcher ließ sich durch eine Schließung ja nicht aus der Welt schaffen; es war abzusehen, dass der Magistrat auch weiterhin auf der Tilgung der Schulden bestehen würde.[199]

5.1.3 Edens Schule als private Familienschule, als Attestschule und als Außenschule Oranienburgs (1927-1945)

Wie sich im Verlauf der Geschichte herausstellt, war die Aufhebung der Volksschule nicht mehr als ein Schachzug Edens, mit dem mehrere Probleme auf einmal gelöst werden konnten. Trotz Auflösung der öffentlichen Volksschule schloss die Edener Schule nicht. Statt dessen erwirkte die Kolonie bei der Regierung in Potsdam die Errichtung einer *Familienschule*.[200] In Ausnahmefällen gestattete § 4 des Grundschulgesetzes vom April 1920 die Einrichtung solcher Privatschulen für die Grundschulzeit.[201] Der weite Schulweg nach Oranienburg, der „bei den vielen kränklichen Kindern, die in Eden sind, nicht zu schaffen sein dürfte"[202] erfordere ihre Einrichtung. Der Schulrat befürwortete den Antrag: „Es würde für 6 & 7-jährige Kinder eine Härte sein, Sommer und Winter den weiten Weg zur 1. Gem.-Schule machen zu müssen. Da würden sich manche Eltern um ihrer kleinen Kinder willen sowieso nach Privatunterricht umsehen. Mit einer Familienschule für die ersten 8 Schuljahre würde ihnen geholfen sein."[203]

---

198 Die Bilanz für das vorangegangene Geschäftsjahr 1925 kann als ausgesprochen erfolgreich bezeichnet werden. Die Edener Mitteilungen vermerken eine reiche Obsternte, die Steigerung der Leistungsfähigkeit der Obstverwertungsanlage, einen bemerkenswerten Aufschwung der Warenabteilung und einen ordentlichen Geschäftsgang der Siedlungsbank (vgl. die Artikel: Der Obstbau in Eden 1925, Abteilung Obstverwertung, Warenabteilung und Jahresbericht der Edener Siedelungsbank G.m.b.H. in: Edener Mitteilungen. 21[1926], S. 27-30).

199 Wie es auch geschah (vgl. Verfügung des Magistrats Oranienburg vom 16.03.1927 und Magistrat Oranienburg an Kolonie Eden vom 01.06.1927 [StA Oranienburg Rep. 8 Nr. 2555]). – In den darauffolgenden Wochen hat die Kolonie dann in mehreren Raten insgesamt 1500 Mark an den Magistrat gezahlt. Erst Ende September 1927 konnte die Sache als endgültig beendet erklärt werden (vgl. Kolonie Eden an Magistrat Oranienburg vom 23.09.1927 [StA Oranienburg Rep. 8 Nr. 2555]). – Von der zu diesem Zeitpunkt eigentlich ausstehenden Summe von 3684,- Mark musste Eden zuletzt also weniger als die Hälfte abzahlen.

200 Der Antrag der Kolonie Eden im Brief an die Regierung in Potsdam vom 01.02.1928 (BLHA, Rep. 2 A Regierung Potsdam II N Nr. 544), die Genehmigung enthält das Schreiben der Regierung in Potsdam an die Kolonie Eden vom 28.04.1927.

201 Vgl. Reichsgesetz betreffend die Grundschulen und Aufhebung der Vorschulen (1920), abgedruckt in MICHAEL; SCHEPP: Die Schule in Staat und Gesellschaft, S. 242 f.

202 Kolonie Eden an Regierung in Potsdam vom 17.03.1927 (BLHA, Rep. 2 A Regierung Potsdam II N Nr. 544).

203 Ebda.

Die Auflösung der öffentlichen Volksschule und ihre Umwandlung in eine Privatanstalt erklärt sich nicht nur aus dem Finanzstreit mit dem Magistrat. Soweit ich sehe, hat es dafür noch zwei weitere Ursachen gegeben:

Als öffentliche Volksschule hatte die Schule neben Edener auch etliche fremde Kinder aus Vororten zu unterrichten. Eden zahlte also über seinen Lehrerbeitrag indirekt für fremde Kinder. Die Unzufriedenheit über diese Mehrbelastung lässt sich anhand der Akten belegen: 1932 berichtet ein Schreiben Edens an die Regierung in Potsdam über die Hintergründe der Schulschließung: „Die Schule war ausserdem infolge Verpflichtung zur Aufnahme auch Oranienburger Kinder aus der Nachbarschaft der Siedlung überfüllt. Ostern 1927 umfasste die Schule 77, darunter 18 fremde, Kinder. Die Schule konnte ihrer Aufgabe als ‚Edener' Schule nicht mehr gerecht werden."[204]

Einige Jahre nach dem Vorgang fällt in einem Bericht des Schulrats an die Regierung in Potsdam die aufschlussgebende Bemerkung, dass bei dem Antrag auf Schließung der Edener Schule „die Unzufriedenheit der Eltern mit dem damaligen Lehrer [Lindner] eine große Rolle gespielt hat."[205]

Mit Reinhold Brinkmann als Lehrkraft konnte der Schulbetrieb in Eden also kontinuierlich weitergeführt werden. An der vorerst für die ersten zwei, ab Ostern 1928 für alle vier Grundschuljahrgänge geöffneten Familienschule[206] unterrichtete er noch bis Oktober 1928 und verließ dann Eden, um sich weiterzubilden. Nach ihm hat dann von November 1928 bis Dezember 1929 eine Lehrerin, Frl. Anton, den Unterricht erteilt.[207]

Dem Schulwesen in Eden schien nach der Ausweitung der Familienschule für kurze Zeit eine optimistische Zukunft beschieden zu sein.

---

204 Kolonie Eden an Regierung in Potsdam vom 21.01.1932 (BLHA, Rep. 2 A Regierung Potsdam II N Nr. 544).

205 Bericht des Schulrats Wolff über die Schule in Eden vom 10.03.1929 (BLHA, Rep. 2 A Regierung Potsdam II N Nr. 544).

206 Im Antrag der Kolonie Eden an die Regierung in Potsdam vom 01.02.1928 (BLHA, Rep. 2 A Regierung Potsdam II N Nr. 544) wird darum gebeten, die Familienschule „für die ganze vierjährige Grundschulzeit auszudehnen, da wir ab Ostern d.J. den 3. Jahrgang schon hierbehalten möchten. Die Kinder sind andernfalls, da ein größerer Teil auf die höheren Schulen Oranienburgs übergehen wird, einem dreifachen Schulwechsel: ‚Privatunterricht – Grundschule – höhere Schule' – unterworfen." – Dem Antrag wurde stattgegeben (Vgl. Regierung in Potsdam an Schulrat Wolff vom 10.02.1928 [BLHA, Rep. 2 A Regierung Potsdam II N Nr. 544]).

207 „Frl. Anton verließ Eden, um an Berliner Schulen zu hospitieren" (Kolonie Eden an Regierung in Potsdam vom 01.02.1928 [BLHA, Rep. 2 A Regierung Potsdam II N Nr. 544]). – Nach ihr versah seit 01.01.1930 erneut ein Junglehrer den Schuldienst, der Edener Genosse Walter Mertes (geb. 1904) (vgl. Kolonie Eden an Regierung in Potsdam vom 21.01.1932 [BLHA, Rep. 2 A Regierung Potsdam II N Nr. 544]).

Schon in einem Bericht vom 1. November 1928 zog der Oranienburger Schulrat Wolff Parallelen zwischen der Edener Schule und einem Landerziehungsheim[208] und wiederholte in einem weiteren Bericht seine wohlwollende Perspektivensuche: „Für die Errichtung und Entwicklung einer Versuchsschule sind nach meiner Überzeugung die Edener Verhältnisse hervorragend günstig."[209] Der Eindruck des Schulrats hat gewiss auch die Edener Genossenschaft darin bestärkt, sich am 27. November 1928 mit einem mehrseitigen Unterstützungsantrag an den Preußischen Ministerialdirektor Kästner nach Potsdam zu wenden, um sich nach Förderungsmöglichkeiten für die Edener Schule zu erkundigen.[210] Das Schreiben gibt auch Auskunft darüber, dass zu den Unterstützern Edens im Schulbereich der Berliner Oberstadtschulrat Wilhelm Paulsen (1875-1943) gezählt hat, der im Schulwesen Berlins eine nicht unbedeutende Rolle spielte. Leider hatte das dem Preußischen Minister für Wissenschaft, Kunst und Volksbildung vorgelegte Gesuch alles andere als Erfolg. Die Regierung in Potsdam leitete das Edener Schreiben noch mit unterstützenden Bemerkungen an den Preußischen Minister für Wissenschaft, Kunst und Volksbildung in Berlin weiter,[211] als man sich aber von dort aus genau nach den Edener Schulverhältnissen erkundigte,[212] wurden Fehler bei der Auflösung der öffentlichen Außenschule 1927 entdeckt.[213] Im Nachhinein musste diese erneut aufgelöst werden.[214] Zudem musste

---

208 Vgl. Schulrat Wolff an Regierung in Potsdam vom 01.11.1928 (BLHA, Rep. 2 A Regierung Potsdam II N Nr. 544). – S. Anhang.

209 Bericht des Schulrats Wolff über die Schule in Eden vom 10.03.1929 (BLHA, Rep. 2 A Regierung Potsdam II N Nr. 544).

210 Vgl. Kolonie Eden an Ministerialdirektor [Unvollständige Angabe des Adressaten, vermutlich Ministerialdirektor Kästner, Berlin. – Vgl. Schreiben Kästner an Regierung in Potsdam vom 17.04.1929 (BLHA, Rep. 2 A Regierung Potsdam II N Nr. 544)] vom 27.11.1928 (Regierung Potsdam II N Nr. 544). – S. Anhang. Zur geplanten Errichtung einer anerkannten Versuchsschule in Form eines Landerziehungsheims siehe auch Kapitel 5.2.

211 Vgl. Regierung in Potsdam an den Preußischen Minister für Wissenschaft, Kunst und Volksbildung vom 10.03.1929 (BLHA, Rep. 2 A Regierung Potsdam II N Nr. 544).

212 Vgl. Preußischer Minister für Wissenschaft, Kunst und Volksbildung an Regierung in Potsdam vom 17.04.1929 (BLHA, Rep. 2 A Regierung Potsdam II N Nr. 544).

213 Die Regierung in Potsdam habe „eine Lehrerstelle aufgehoben und damit gleichzeitig eine Schule geschlossen, was ohne die Zustimmung des Berliner Ministeriums unzulässig war" (Preußischer Minister für Wissenschaft, Kunst und Volksbildung an Regierung in Potsdam vom 01.07.1929 [BLHA, Rep. 2 A Regierung Potsdam II N Nr. 544]).

214 Preußischer Minister für Wissenschaft, Kunst und Volksbildung an Regierung in Potsdam vom 08.11.1929 (BLHA, Rep. 2 A Regierung Potsdam II N Nr. 544). – Zwischenzeitlich stand sogar die Wiedereröffnung der Edener Außenschule zur Debatte. Der Magistrat Oranienburg schrieb an die Regierung in Potsdam zu dieser Frage: „[Die Einrichtung der Außenschule käme] weder bei der Edener Elternschaft, die eine solche nur für ihre Kinder wünscht und hauptsächlich aus Werbe- und Reklamegründen die Familienschule beibehalten will, noch bei der augenblicklichen, ungünstigen Finanzlage der Stadt

der Unterstützungsantrag Edens abgelehnt werden, da Privatunterricht, wie er in der Familienschule erteilt wurde, keine staatliche Förderung erfahren konnte.[215] Zuletzt erwies sich die Intervention des Ministers auch dahingehend als folgenschwer, als dass nun die mangelhafte Rechtsgrundlage der Familienschule in Eden zum Thema wurde. Der § 4 des am 28.04.1920 erlassenen „Reichsgesetzes betreffend die Grundschulen und Aufhebung der Vorschulen" besagt: „Privatunterricht für einzelne Kinder oder gemeinsamer Privatunterricht für Kinder mehrerer Familien, die sich zu diesem Zwecke zusammenschließen, darf an Stelle des Besuchs der Grundschule nur ausnahmsweise in besonderen Fällen zugelassen werden."[216] Ein ausführlicher Brief der Regierung in Potsdam an den Preußischen Minister für Wissenschaft, Kunst und Volksbildung erklärt, warum im Jahre 1927 vor dem Hintergrund des Schulstreites zwischen Eden und dem Magistrat die Familienschule genehmigt worden war, zeichnet aber ein insgesamt problematisches Bild der Edener Schule und zielt darauf ab, sich des Ausnahmefalls Eden durch die Forderung nach Auflösung auch der Familienschule zu entledigen. Der Brief endet mit den Worten: „Die Familienschule soll eingehen."[217]

Der Minister für Wissenschaft, Kunst und Volksbildung erklärte am 08.11.1929 die öffentliche Volksschule in Eden endgültig für aufgehoben.[218] Die Regierung leitete den Beschluss an den Magistrat in Oranienburg weiter und verfügte dazu: „Die Kinder, die z.Zt. noch in die Schule in Eden gehen, müssen mit Beginn des neuen Schuljahres 1930 die öffentliche Schule in Oranienburg besuchen. Befreiungen vom Besuch der öffentlichen Schule können nur auf Grund des Gesetzes vom 28.04.1920 in der Fassung des Abänderungsgesetzes vom 26.2.1927, betreffend die Grundschulen und Aufhebung der Vorschulen, erfolgen ..."[219] In Eden

---

z.Zt. in Frage" (Schreiben vom 20.08.1929 [BLHA, Rep. 2 A Regierung Potsdam II N Nr. 544]).

215 Preußischer Minister für Wissenschaft, Kunst und Volksbildung an Regierung in Potsdam vom 01.07.1929 (BLHA, Rep. 2 A Regierung Potsdam II N Nr. 544).

216 Reichsgesetz betreffend die Grundschulen und Aufhebung der Vorschulen. Abgedruckt in Michael; Schepp: Die Schule in Staat und Gesellschaft, S. 242 f. – Das Reichsgrundschulgesetz ist ein zentrales Dokument zur Demokratisierung der deutschen Schule. Es war geschaffen worden, um mit der Einführung einer gemeinsamen Grundstufe für alle Kinder sämtlicher Schichten zu größerer Bildungsgerechtigkeit zu gelangen (Vgl. MICHAEL; SCHEPP: Die Schule in Staat und Gesellschaft, S. 46).

217 Der Regierungspräsident für den Regierungsbezirk Potsdam an den Preußischen Minister für Wissenschaft, Kunst und Volksbildung vom 07.09.1929 (BLHA, Rep. 2 A Regierung Potsdam II N Nr. 544).

218 Vgl. Preußischer Minister für Wissenschaft, Kunst und Volksbildung vom 08.11.1929 (BLHA, Rep. 2 A Regierung Potsdam II N Nr. 544).

219 Regierung in Potsdam an Magistrat Oranienburg vom 25.11.1929 (BLHA, Rep. 2 A Regierung Potsdam II N Nr. 544).

löste diese Mitteilung einige Unsicherheit bezüglich des Status' seiner Familienschule aus, denn diese war ja juristisch mit der öffentlichen Volksschule nicht mehr identisch.[220] Daraufhin erklärte die Regierung in Potsdam am 11.02.1930 in einem Brief an den Magistrat der Stadt Oranienburg auch die Edener Familienschule für aufgelöst.[221] Der neue Schulrat Schultz stützte die Entscheidung der Regierung.[222] Seine Bemerkung, „von einem Fortbestehen der F.[amilienschule] kann ja schon deshalb nicht die Rede sein, weil ich für jedes Kind entspr. der Reg. Verf. ein Attest des Herrn Kreisarztes fordere"[223], deutet aber die zukünftige Verfahrensweise Edens zur Aufrechterhaltung seiner Schule schon an.

Die Obstbausiedlung reagierte auf den neuen Stand der Dinge, indem sie ihre Familienschule als „Attestschule" weiterführte. De facto hat es sich dabei nur um eine Umbenennung gehandelt. Mit Unterstützung des Kreisarztes, der wie die Edener Genossen der Ansicht war, dass für die 6- und 7jährigen Schulanfänger aus Eden der Weg nach Oranienburg zu anstrengend sei, ist in der Folgezeit so großzügig mit der Attestvergabe verfahren worden, dass die Schule in Eden reibungslos weiterbestehen konnte und der Schulaufsichtskreis Oranienburg am 09.03.1932 nach Potsdam schrieb, dass „nach amtsärztlichem Attest 30 Kinder vom Besuch der öffentlichen Schule befreit werden" mussten und Eden zur Zeit „tatsächlich

---

220 Vgl. Magistrat Oranienburg an Regierung in Potsdam vom 18.01.1930 (BLHA, Rep. 2 A Regierung Potsdam II N Nr. 544).

221 Regierung in Potsdam an Magistrat Oranienburg vom 11.02.1930 (BLHA, Rep. 2 A Regierung Potsdam II N Nr. 544). – Einiges deutet darauf hin, dass die Regierung in Potsdam wiederum eigenwillig verfuhr. Es existiert in den Akten keine Bewilligung für die Auflösung der Familienschule von Seiten des Ministers für Wissenschaft, Kunst und Volksbildung in Berlin, sondern nur für die schon 1927 geschlossene Volksschule. Die Formulierung des Regierungsschreibens aus Potsdam ist uneindeutig und stellt bloß eine Interpretation des Schreibens des Ministers für Wissenschaft, Kunst und Volksbildung vom 08.11.1929 dar: „Dadurch, daß auch der Herr Minister für Wissenschaft, Kunst und Volksbildung die Aufhebung der Schule im Ortsteil Eden genehmigt hat, ist endgültig anerkannt, daß die Berechtigung zur Forderung einer öffentlichen Volksschule *oder einer anderen Schule* für Eden nicht besteht und die schulpflichtigen Kinder die Schule in Oranienburg besuchen können" (ebda. [Hervorhebung: J.S]). – Trotz dieses vermutlichen Fehlers im Dienstweg entsprach die Aufhebung der Familienschule durchaus dem gesetzlichen Rahmen. Im Ministerialerlaß vom 16. Januar 1923 heißt es: „Die Versuche, die durch Reichsgesetz festgelegte Grundschulpflicht durch Zirkel, Einzel- und Familienschulen zu umgehen, häufen sich in einem solchen Maße, daß ein Einschreiten dagegen notwendig geworden ist. Gesuche um Befreiung von der Grundschulpflicht werden deshalb besonders gründlich zu prüfen sein, gegebenenfalls sind sie amtsvertrauens- und schulärztlich nachzuprüfen" (M.-E. v. 16.01.1923 – U III D 1825. Abgedruckt in: BADENHOP; SCHULTE [Hg.]: Schul-Gesetze und Verordnungen, S. 512).

222 Vgl. handschriftliche Anmerkung im Schreiben Magistrat Oranienburg an Regierung in Potsdam vom 18.01.1930 (BLHA, Rep. 2 A Regierung Potsdam II N Nr. 544).

223 Ebda.

eine nicht anerkannte Privatschule, die nur die Grundschule umfaßt", unterhalte.[224]

Der Edener Schulträger hatte den provisorischen Charakter dieser Notlösung sehr wohl im Auge. Jährlich mussten die amtsärztlichen Atteste für jedes der Kinder verlängert werden; auch durften nur Kinder im grundschulpflichtigen Alter die Attestschule besuchen.[225] Dieser unsichere Status der Schule drohte wiederum einen häufigeren Lehrerwechsel nach sich zu ziehen. 1932 setzten daher erneute Bemühungen ein, den Schulstatus zu verändern. Eden strebte die Errichtung einer privaten Volksschule an. „Mit dem Augenblick der Genehmigung einer privaten Volksschule in Eden ist die Grundlage für die Anstellung der Lehrkräfte gegeben", heißt es in dem „Gesuch auf Errichtung einer privaten Volksschule für die Kinder in der ‚Eden' gemeinnützigen Obstbau-Siedlung e.G.m.b.H."[226] vom 21.01.1932, das mit sechs Anlagen der Regierung in Potsdam überbracht wurde. Es stellt die Bemühungen Edens für seine Jugend vor dem Hintergrund wirtschaftlicher Depression und hoher Arbeitslosigkeit im Lande heraus und fordert als Konsequenz daraus die Wiedereinrichtung einer anerkannten Volksschule für die 6-14jährigen Kinder der Kolonie. „Eine der vornehmsten Aufgaben ist von je her die Betreuung der Edener Jugend gewesen. ... Eine starke Betonung des lebensreformerischen Gedankens, der vereinfachten Lebensführung und die Erziehung zur Gemeinschaft gaben der Edener Schule eine besondere Note und was heute als neuzeitlicher Schulunterricht angesprochen wird, ist seit Bestehen der Edener Schule praktisch durchgeführt worden. Die

---

224 Die Tatsache, dass die ansonsten gern als kerngesund und abgehärtet vorgezeigten Edener Kinder (vgl. z.B. LANDMANN-KOHLER: Die Siedlung als Kinderparadies. In: Edener Mitteilungen. 21[1926], S. 11-12) einen Schulweg von 2 bis 5 Kilometern „ohne Gefährdung ihres Gesundheitszustandes nicht machen können" (Schularzt Laute an Magistrat Oranienburg vom 06.07.1933 [StA Oranienburg Rep. 8 Nr. 2555]), illustriert, dass es bei der Attestvergabe aller Wahrscheinlichkeit nach hauptsächlich um den Erhalt der eigenen Schule ging. Wer, wenn nicht die Edener, hätte sonst die in der zeitgenössischen Fachliteratur längst vertretene Ansicht geteilt, „daß Kinder, die weite Schulwege im Freien haben, beim Wandern in jedem Wetter sich kräftigen und mehr Frische zeigen als etwa Internatsschüler" (CLAUSNITZER, GRIMM, SACHSE, u.a. [Hg.]: Handwörterbuch des Volksschulwesens, S. 416). – So aber bescheinigt das ärztliche Attest aus dem Jahre 1933 insgesamt 39 Schülern einen mangelhaften Gesundheitszustand. Die häufigsten Attestgründe waren Unterentwicklung (19), Neigung zu Schnupfen und Erkältung (6) und Senkfüße (5) (vgl. Schularzt Laute an Magistrat Oranienburg vom 06.07.1933 [StA Oranienburg Rep. 8 Nr. 2555]).

225 Vgl. MERTES: Bericht der Edener Familienschule für das Schuljahr 1931-32. In: Eden. Monatsschrift mit Bildern. 27(1932), S. 86.

226 Vgl. Kolonie Eden an Regierung in Potsdam vom 21.01.1932 (BLHA, Rep. 2 A Regierung Potsdam II N Nr. 544).

Schule ist im besten Sinne Arbeitsschule gewesen"[227], argumentierten die Edener. Wäre das Gesuch bewilligt worden, hätte die private Volksschule – so die Hoffnung der Kolonieverwaltung – bis 1935 aufgebaut sein können. Gegen die kühnen Pläne opponierte jedoch die Potsdamer Behörde, die Eden in Bezug auf die Unterhaltungskosten einer solchen Anstalt, sicherlich auch angesichts der Zahlungsschwierigkeiten in der Vergangenheit, für überfordert hielt und hinsichtlich kommunaler Unterstützung von Seiten der Stadt Oranienburg keine Hoffnung sah.[228] Bei der Bearbeitung der Angelegenheit ließ der von den Lokalbehörden um Beurteilung gebetene Minister für Wissenschaft, Kunst und Volksbildung in Berlin zunächst eruieren, „ob die beantragte Schule ... als Schule einer weltanschaulichen Minderheit im Sinne des Art. 147 Abs. 2 der Reichsverfassung zu betrachten ist"[229], was Schulrat Schultz jedoch aufgrund der weltanschaulichen Heterogenität der Edener Siedler abschlägig beantwortete.[230] Dies war ausschlaggebend für den Inhalt des Antwortschreibens der Regierung in Potsdam vom 25.06.1932. Wenige Tage später wurde dann auch die Errichtung der angestrebten öffentlichen Volksschule in Eden abgelehnt[231] und das Provisorium „Attestschule" blieb vorerst bestehen. 1934 unterrichtete der Lehrer und HJ-Führer Dr. Fritz Zeitschel in Eden, wo mittlerweile immerhin 54 Schüler geführt wurden.[232] Zeitschel verließ sein Amt bereits 1935 und wurde durch Lehrer Dreßler und Georg Steiger ersetzt.[233]

Zwei Jahre nach Machtübernahme durch die Nationalsozialisten hatten sich die Bedingungen des Schulbetriebes erneut gewandelt. Die spärlicher werdenden Aktenbestände enthalten einen Brief an den Oranienburger Bürgermeister, in welchem mitgeteilt wird, dass in Zukunft „eine

227 Ebda. – In den Edener Siedlungszeitschrift wird das Gesuch ebenfalls erwähnt (Vgl. Mertes: Bericht der Edener Familienschule für das Schuljahr 1931-32. In: Eden. Monatsschrift mit Bildern 27[1932], S. 86).

228 Vgl. Regierung in Potsdam an den Preußischen Minister für Wissenschaft, Kunst und Volksbildung in Berlin vom 30.04.1932 (BLHA, Rep. 2 A Regierung Potsdam II N Nr. 544).

229 Preußischer Minister für Wissenschaft, Kunst und Volksschulen in Berlin an Regierung in Potsdam vom 13.05.1932 (BLHA, Rep. 2 A Regierung Potsdam II N Nr. 544).

230 Vgl. Schulrat Schultz an Regierung in Potsdam vom 30.05.1932 (BLHA, Rep. 2 A Regierung Potsdam II N Nr. 544). – Im vegetarischen Gedanken seien die Edener zwar theoretisch noch geeint, Vegetarismus werde aber längst nicht allgemein praktisch durchgeführt, bemerkt Schultz.

231 Vgl. Preußischer Minister für Wissenschaft, Kunst und Volksbildung an Regierung in Potsdam vom 08.07.1932 (BLHA, Rep. 2 A Regierung Potsdam II N Nr. 544).

232 Schulrat Stüber an den Regierungspräsidenten für den Regierungsbezirk Potsdam vom 30.08.1934 (BLHA, Rep. 2 A Regierung Potsdam II N Nr. 544).

233 Vgl. SCHURMANN: 100 Jahre Edener Schule. In: Edener Mitteilungen. Nr. 31/1997, S. 8.

schärfere Nachprüfung der vorliegenden Atteste erfolgen"[234] solle und der Bestand der Edener Schule nicht weiter gesichert sei. Mit einer Eingliederung der Schule in das öffentliche Schulsystem Oranienburgs, so der Edener Antragsteller, könnte Abhilfe geschaffen werden. Aus der Stadtverwaltung sind ablehnende Stallungsnahmen gegen diesen Vorschlag nicht überliefert.[235] Die Wiedereingliederung der Schule nach Oranienburg verlief einvernehmlich zu den bereits bekannten Bedingungen: Die öffentliche Außenschule hatte die sächlichen Kosten zu tragen und zur Lehrerstelle 1500 RM zuzuzahlen.[236] Der aktenmäßigen Darstellung nach galt es, „einen Zustand wieder herzustellen, wie er 23 Jahre hindurch, von 1904 bis 1927, bestanden hat"[237]. Die neuen Verhältnisse waren indessen mit den spannungsgeladenen Beziehungen zwischen Stadt und Kolonie nicht mehr zu vergleichen. Versöhnlich und ohne die versteckte Polemik, die ähnliche Schriften der Vergangenheit enthielten, resümiert die Festschrift zum 45jährigen Bestehen Edens 1938: „Jetzt ist [die Schule] öffentliche Grundschule für die ersten vier Jahrgänge; dann gehen die Kinder in die Oranienburger Schulen über, die ja inzwischen auch räumlich näher gerückt sind, sowie weltanschaulich einer umfassenden Lebensreform zeitgemäßes Verständnis entgegenbringen."[238]

Mit der erneuten Eingliederung Edens in das Oranienburger Schulwesen im Jahre 1936 klang ein Prozess aus, in dem ein eigenes Schulwesen kontinuierlich angestrebt worden war. Das Heft wurde den Edenern gänzlich aus der Hand genommen, als nach Kriegsende die zeitweise geschlossene Edener Schule neu eröffnet wurde. In den folgenden Jahren erhielt die Genossenschaft keine Gelegenheit mehr, eigenverantwortlichen Einfluss auf die schulische Erziehung der Kinder zu nehmen. Auch in ökonomischer und verwaltungstechnischer Hinsicht konnte die Kolo-

---

234 Kolonie Eden an den Bürgermeister von Oranienburg vom 02.02.1935 (BLHA, Rep. 2 A Regierung Potsdam II N Nr. 544).

235 Lediglich die Regierung in Potsdam äußerte Bedenken, die aber den Konsens zwischen Eden und der Stadt anscheinend nicht brechen konnten (vgl. Regierungspräsident in Potsdam an den Bürgermeister der Stadt Oranienburg vom 06.03.1935 [BLHA, Rep. 2 A Regierung Potsdam II N Nr. 544]).

236 Vgl. REGENER: Zur Geschichte der Edener Schule, Bl. 11, sowie SCHURMANN: 100 Jahre Edener Schule. In: Edener Mitteilungen. Nr. 31/1997, S. 9.

237 Kolonie Eden an den Bürgermeister von Oranienburg vom 02.02.1935 (BLHA, Rep. 2 A Regierung Potsdam II N Nr. 544).

238 Pr.Br.Rep. 43 Eberswalde Nr. 151: Eden-Gemeinnützige Obstbausiedlung e.G.m.b.H. in Oranienburg Eden 1936-1943: Festschrift „Eden – 45 Jahre" Hausmitteilung von Eden Gemeinnützige Obstbausiedlung e.GmbH, Oranienburg-Eden 33(1938). – Das räumliche Näherrücken der Oranienburger Schulen kann sich nur auf die Ausdehnung der Koloniegrenzen nach Osten beziehen, da für die Edener Kinder die 1. Gemeindeschule nach wie vor als nächste Oranienburger Anstalt in Betracht kam.

nie Eden trotz mancher Versuche, sich mit dem neuen System zu arrangieren, nach 1945 nicht an Vorkriegszustände anknüpfen.[239]

5.2 Reformpädagogische Bestrebungen an der Edener Schule

„Es fehlt der Schule an straffer Zucht. Das liegt aber wohl im Wesen der Edenkolonie, einer auf gesundheitsmäßiger Lebensweise aufgebauten Gemeinschaft. Die Bewohner rauchen nicht, sind Abstinenzler und Vegetarier. Obstbau ist ihre Tätigkeit. Sie sollen durch diese Rückkehr zur Natur gesunden. So wachsen auch die Kinder in Freiheit auf, dazu sind sie mit Nervenschwäche z.T. erheblich belastet.“[240]

Edens Schulgeschichte bliebe unvollständig, wenn man ihre inhaltliche Seite außer Acht lassen würde. Deshalb soll nun die Schulführung auf gestalterische Eigenheiten hin untersucht werden. Auf die reformpädagogische Prägung des Unterrichts in Eden weisen auch schon Judith Baumgartner und Christian Böttger in ihren Arbeiten zur Geschichte der Obstbaukolonie hin.[241] Ferner lassen sich aus Primärquellen, wie den Berichten über die Schule in den Edener Mitteilungen und aus den Schulakten entsprechende Belege finden, auf die ich mich im Folgenden stützen werde. Judith Baumgartner kommt bei ihrer Betrachtung des Schulwesens in Eden zu dem Schluss, dass trotz der für eine reformpädagogische Unterrichtspraxis günstigen räumlichen Bedingungen „nicht von einer herausragenden Pionierstellung Edens innerhalb der Reformpädagogik gesprochen werden kann; für eine derartige Einordnung fehlen

---

239 Über die Entwicklung Edens ab 1945 vgl. „100 Jahre Eden“, S. 29-34 und BLOECK, Roland: Die Geschichte Edens nach 1945. In: Edener Mitteilungen. Nr. 5/1993, sowie ZIERKE, SEEGERT: Auf der Suche nach Eden. – Neben den erlittenen Zerstörungen und Plünderungen der technischen Anlagen waren der Fortgang oder der Kriegstod etlicher Mitglieder zu beklagen. Auch wurde Eden nach 1945 als autonomes genossenschaftliches Gebilde von Seiten der Staatsmacht sehr skeptisch betrachtet und politisch wie ökonomisch streng reglementiert. Besonders unvorteilhaft erwies sich dabei die Einbindung Edens in die planwirtschaftlichen Strukturen der DDR-Ökonomie. 1972 wurde Eden, wie alle Privatbetriebe mit einer Belegschaft von mehr als 10 Mitarbeitern, verstaatlicht. Auch wurden in der Nachkriegszeit die freigewordenen Grundstücke fortgezogener Genossen durch die Kommunale Wohnungsverwaltung entgegen den Aufnahmebestimmungen der Satzung eigenmächtig mit externen Wohnungssuchenden besetzt und somit Eden als weithin homogener Sozialraum ausgedünnt. Heute versucht die noch immer auf bodenreformerischer Basis existente Genossenschaft mühevoll, auf zeitgemäße Weise das alte Erbe wieder aufzugreifen.

240 Schulrat Dumdey an Regierung in Potsdam: Bericht über die am 10. September 1918 abgehaltene Besichtigung der evang. Schule zu Eden (BLHA, Rep. 2A Regierung Potsdam II N Nr. 544).

241 Vgl. BAUMGARTNER: Ernährungsreform, S. 171-176 und BÖTTGER: „Eden“ und „Falkenberg“, S. 139-147.

entsprechende Hinweise aus der frühen Zeit."[242] Bei ihrem Urteil stützt sie sich auf die Bemerkung des Lehrers Brinkmann, der 1927 schrieb: „Von den Schulreformern Berthold Otto, Gaudig und Kerschensteiner wußte Eden noch nichts."[243] Meine These hingegen lautet, dass Eden sehr wohl eine interessante und keineswegs unbedeutende Rolle innerhalb der reformpädagogischen Bewegung gespielt hat, zumal die Lehrer der Kolonie über reformpädagogische Erziehungsmethoden gut informiert waren und schon sehr früh ihren Unterricht dementsprechend gestalteten. In diesem Zusammenhang lassen sich auch persönliche Kontakte von Edener Lehrern zu namhaften Vertretern der Reformpädagogik nachweisen.

Auf eine Edener Besonderheit ist bereits hingewiesen worden. Das Lehrervorschlagsrecht zur Zeit der öffentlichen Volksschule belegt den eigenen gestalterischen Einfluss, den die Kolonieverwaltung in Verbindung mit der Elternschaft gegen die übliche Handhabe bürokratischer Ämtervergabe an öffentlichen Schulen ausübte. Dass der Charakter der Schule maßgeblich durch die Persönlichkeit des unterrichtenden Lehrers bestimmt ist, war eine feste Überzeugung der Genossenschaft.[244] Hatte man ihn auf seiner Seite, konnten Unterrichtsprojekte, die an anderen Schulen keine Chance gehabt hätten, in eigenem Interesse durchgesetzt werden. Vergegenwärtigt man sich die wichtigsten, auf die Schule einwirkenden Interessengruppen, sind mehrere Instanzen zu nennen: der Lehrer, die Eltern, die Gemeinde, der Staat und die Kirche. Damit unterlag die Volksschule Eden den gewöhnlichen Einflüssen jeder beliebigen preußischen Volksschule. Durch die Zeiten hinweg haben sich in Eden deren Gewichtungen geändert und für die Schulführung veränderte Rahmenbedingungen gegolten.

Die Möglichkeiten der Schulgestaltung hingen wesentlich davon ab, ob Eden seine Schule privat führte oder der Gemeinde Oranienburg angegliedert war. Auch die Ersetzung der kirchlichen Aufsicht durch staatliche, in der Regel pädagogisch professionalisierte Instanzen[245] konnte Auswirkungen auf den Unterricht haben. Als Eden 1920 – kriegsbedingt verspätet – seine Denkschrift zum 25jährigen Bestehen der Siedlung vorlegte, wurde über die Schule berichtet, „daß sie sich in wiederholten klei-

---

242 BAUMGARTNER: Ernährungsreform, S. 173.

243 BRINKMANN: Ein Abriss aus unserer Schulgeschichte; zit. nach BAUMGARTNER: Ernährungsreform, S. 173.

244 Besonders evident geäußert im Brief der Kolonie Eden an Ministerialdirektor Kästner vom 27.11.1928 (Regierung Potsdam II N Nr. 544). – Vgl. Anhang.

245 Vgl. BERG (Hg.): Handbuch der deutschen Bildungsgeschichte, S. 185.

nen Kämpfen mit der Schulverwaltung ihre reformerische Eigenart treu bewahrt [hat]."[246]

Wodurch zeichnet sich eine Reformschule aus? Wie für die gesamte Strömung der Reformpädagogik kann auf eine befriedigende Begriffsbestimmung nicht zurückgegriffen werden. In seiner Arbeit über das Reformschulwesen in der Weimarer Republik hat sich Hanno Schmitt einer Definition der Reformschule als Versuchsschule wie folgt genähert:

> Eine präzise begriffliche Definition von „Versuchsschule" (bzw. von dem Synonym „Schulversuche") stößt auf Schwierigkeiten, da die Schulgestalt der unter diesem Namen zusammengefaßten Schulen in der Weimarer Zeit sehr heterogen war. Die Uneinheitlichkeit der Versuchsschulpraxis im Deutschen Reich wird zuweilen sogar als „Zersplitterung" bewertet. In der Regel handelt es sich bei den ... Versuchsschulen aber um Schulen, die sich, verglichen mit den übrigen Regelschulen, durch größere Freiheit und das Ziel der Eigenaktivität von Lehrenden und Lernenden auszeichnen. Das läßt sich an ihrer äußeren Organisation und an ihrer Unterrichtsarbeit (z.B. durch Lehrplanfreiheit) ablesen. Sie sollten neue Formen der Schulorganisation und des Unterrichts erproben und allgemeine Schulreformen vorbereiten. Gemeinsam war ihnen eine *pädagogische Bewegungsfreiheit* zur Verwirklichung reformpädagogischer Grundüberzeugungen wie Arbeitsunterricht, Gesamtunterricht, Gruppenunterricht, Epochenunterricht, Neigungskurse, Erziehung zur Selbsttätigkeit, Gemeinschaftserziehung, Reise- und Wanderpädagogik usw.[247]

Zur Zeit der Gründung der Edener Schule steckte die reformpädagogische Bewegung in Deutschland erst in den Kinderschuhen: Zwar war die kulturkritische Streitschrift Julius Langbehns (1851-1907) „Rembrandt als Erzieher" bereits 1890 veröffentlicht worden, aber Ellen Keys „Jahrhundert des Kindes" erschien in Deutschland erst 1902, und auch die ersten namhaften Praxisversuche der deutschen Reformpädagogik standen noch aus.[248] Um die Jahrhundertwende begann eine Phase praktischer Durchführung kulturkritischer Erziehungsentwürfe, in der „Pioniere eines neuen Erziehungswesens"[249] auftraten, die ihre Vorstellungen in die Tat umsetzten. „Die Zahl der produktiven Persönlichkeiten war beträchtlich; viele sind heute vergessen, haben aber ihren Beitrag zur Reformpädagogik geleistet: unbekannte Dorfschullehrer, Gründer von Bauernvolkshochschulen, Lehrerkollegien an Landerziehungsheimen, ... Führer von Jugendgruppen, Pfarrer, Erziehungsberater. Auf dem ganzen

---

246 Die Obstbausiedelung Eden in den ersten 25 Jahren ihres Bestehens, S. 11.

247 SCHMITT: Topographie der Reformschulen in der Weimarer Republik. In: AMLUNG, HAUBFLEISCH, LINK, SCHMITT (Hg.): Die alte Schule überwinden, S. 16.

248 Hermann Lietz' Landerziehungsheim in der Pulvermühle bei Ilsenburg im Harz eröffnete im April 1898, Berthold Ottos „Hauslehrerschule" 1906, die Odenwaldschule erst 1910.

249 FLITNER, KUDRITZKI (Hg.): Die deutsche Reformpädagogik, S. 23.

Felde pädagogischer Arbeitsstätten regte sich der Geist des Versuchens ...."[250]

In diesem Klima pädagogischen Aufbrechens also ist Edens Schule zur Zeit ihrer Gründung zu verorten. Es hat hier keiner der bahnbrechenden Pädagogen gewirkt, wohl aber waren die reformerisch orientierten Bewohner auch in pädagogischer Hinsicht den neuen Gedanken aufgeschlossen. Bereits für die Anfangsjahre der Edener Privatschule gibt es Hinweise auf eine Beeinflussung durch reformpädagogische Ideen. Der Gedanke der Arbeitsschule[251] hat von Beginn an bei der Unterrichtung der Edener Kinder Pate gestanden. Einen ersten Anhaltspunkt dafür liefert ein 1898 von der Regierung in Potsdam der Schuldeputation Oranienburg übersandtes Schreiben, das Weisungen für die Durchführung des Unterrichts des Lehrers Thierfelder betrifft. Ein Punkt des Schreibens lautet: „Eine Beschäftigung der Kinder mit Garten- und anderen Arbeiten ist während der Unterrichtszeit nicht statthaft, da die Kinder außerhalb der kurz bemessenen Unterrichtszeit genügend Zeit zu jenen Arbeiten haben."[252] Der genaue Hintergrund für diese Anweisung liegt im Dunkeln. Ohne es gänzlich von der Hand weisen zu können,[253] ist doch zu vermuten, dass hier nicht Kinderarbeit angeprangert, sondern aus noch mangelnder Sachkenntnis einem später bedeutsamen Element Edener Schulpraxis das Wasser abgegraben werden sollte. Bei allen Maßnahmen der Unterrichtsgestaltung war der Lehrer auf behördliches Einverständnis angewiesen. Lehrer Kohnert kennzeichnet das Edener Dilemma in seinem

250 Ebda.

251 Der Arbeitsschulgedanke, aus der reformpädagogischen Kritik am einseitig intellektualistischen Charakter des etablierten Schulwesens heraus entwickelt, ist Würdigung praktischer Lernerfahrung und eng mit der Idee kindgerechten Lernens verknüpft. Es ging um sinnvolle Verknüpfung von Handarbeit und geistiger Arbeit im Unterricht. Der sogenannten „Buchschule", dem ermüdenden Frontalunterricht und der Lebensfremdheit des Lernortes Schule sollte mit dem Prinzip der Selbsttätigkeit im Unterricht begegnet und damit konkrete Lernerfahrungen gezeitigt werden (vgl. SCHEIBE, Die reformpädagogische Bewegung, S. 171-210).

252 Regierung in Potsdam an Magistrat Oranienburg und an die Kreisschulinspektion in Zehlendorf bei Oranienburg vom 16.09.1898 (StA Oranienburg Rep. 8 Nr. 2555).

253 Eine antiintellektuelle Lesart des Arbeitsschulgedankens lässt sich in Eden auch nachweisen. Ein 1913 in den Edener Nachrichten veröffentlichter Beitrag titelt mit „Erziehung der Jugend zur Arbeit". Der nicht genannte Autor kritisiert darin die laissez faire Ausrichtung der Reformpädagogik. Er schreibt: „Wer das Ideal seiner Jugend allein in Spiel, Sport und Wandern gesehen hat, der wird keinen Begriff von der wirkliche Werte schaffenden Arbeit haben; er achtet sie gering und wird diese Geringschätzung auch in sein reifes Alter mitnehmen. ... Die Erziehung zu wirklich schaffender Arbeit besorgt also die moderne Erziehung nicht. Es ist aber ihre Aufgabe, deshalb müßten mit ihr ausgedehnte Flächen zur praktischen Erlernung des Gartenbaus ... und andere Handwerke verbunden sein" (Erziehung der Jugend zur Arbeit. In: Edener Mitteilungen. 8[1913], S. 51 f.).

Aufsatz „Die Schule der Kolonie Eden“: „Der Lehrer ist staatlich angestellt, mithin pensionsberechtigt; aber er steht unter Disziplinargewalt der Königl. Regierung und ist an den vorgeschriebenen Lehrplan gebunden. Und das ist der Stein des Anstoßes für die Reformbestrebungen. So lassen sich keine grundlegenden, durchgreifenden Reformen ausführen.“[254] Das hatte nicht zu bedeuten, dass alle Reformvorstellungen begraben werden mussten. Immerhin bot beispielsweise der Naturkundeunterricht genügend Raum, um die günstigen räumlichen Bedingungen der Edener Schule zu nutzen. Hier war es eher als anderswo möglich, Schule im Freien stattfinden zu lassen:

> Unter der Birke liegen wir alle und schauen in den Teich. Ein Hecht springt aus dem Wasser. Die Blütenstände der Wasserfeder ragen gleich Kerzen heraus. Ein Pfauenauge flattert hinüber und verschwindet zwischen den Stämmen. Die Sonne scheint hell hernieder, flimmert auf dem Wasser. Und der Franz hebt an und erzählt: Einmal, da hat mein Vater gespritzt und da waren Pfützen auf dem Wege, und da kam ein Fink und badete sich, und da hat mein Vater ihn vollgespritzt. Aber er ist sitzen geblieben und ist nicht weggeflogen.
> Hastig fällt ihm der Paul in die Rede: Herr Kohnert, wir haben ein Nest, da sind Junge drin. Das ist ein Fliegenschnäppernest.
> Und Robert: Gestern ging ich vorbei und da habe ich einen Buchfinken gesehen, der hat Fädchen gesucht zu seinem Nest. Und ein Rotschwänzchen fliegt immer bei unserm Haus rum.
> Lene weiß zu erzählen: Auf unserm Dach, da ist ein Vogel raufgeflogen, der hat einen langen Halm im Schnabel gehabt, der will da wohl ein Nest bauen.
> ...
> Nun aber ists vorbei mit dem Erzählen, denn die Lokomotive fährt vorbei, der Hecht springt wieder aus dem Wasser und die Kaulquappen müssen angesehen werden. Aber einige wollen noch erzählen, und die Aufmerksamkeit wendet sich bald denen wieder zu. ... Klein Milli weiß noch: Junge Vögel saßen auf Jackischs Baum. Die hab ich Hänschen und Hänschen gerufen, aber sie sind nicht gekommen.
> Nun dürfen die Kleinsten gehen und Schnecken im Wasser beobachten, wie die immer so den Mund aufmachen und die Zunge zeigen und Luft holen. Die anderen nehmen die Fibel und wir lesen: Vom Vogelnest. Und in das Leben hinein tönt das Singen der Vögel.[255]

---

254 KOHNERT: Die Schule der Kolonie Eden. In: Edener Mitteilungen. 5(1910), S. 7.
255 KOHNERT: Tagebuchblätter aus unserer Schule. In Edener Mitteilungen. 8(1913), S. 42.

Abb. 6: Naturkundeunterricht in Eden

Naturbeobachtungen, Anschauungsunterricht, ein kameradschaftliches Verhältnis zwischen Schülern und dem Lehrer, offen symbolisiert durch die „Verbannung des Rohrstocks“:[256] damals kontrastierte ein solcher, am Kind orientierter pädagogischer Bezug die Tristesse, die an der Mehrzahl der Volksschulen noch immer herrschte. Gegen eine Eigenart der „alten Schule“ richtete sich die besondere Kritik des Edener Lehrers. Das Memorieren religiösen Unterrichtsstoffes und das mechanische Aufsagen auswendiggelernter Textstellen aus dem Katechismus widersprach dem Wesen der Schule ganz und gar. Weder konnte dadurch ein religiöses Gefühl verinnerlicht werden, noch war diese Methode – selbstmotiviertes Arbeiten als Erziehungsziel vorausgesetzt – von pädagogischem Nutzen. „Und noch schlimmer ist, daß der Religionsunterricht revidiert wird, ja oft den einzigen Maßstab für die Arbeit des Leh-

256 Vgl. KOHNERT: Die Schule der Kolonie Eden. In: Edener Mitteilungen. 5(1910), S. 8. – Spätestens seit Lehrer Brinkmanns Wirken war auch das Duzen des Lehrers in Eden eingeführt. Brinkmann schreibt dazu: „Eine allgemeine Lebensfreude beherrscht alle, erleichtert die Arbeit, schafft ein fröhliches Gemeinschaftsleben, beseitigt auch sehr schnell die gelegentlich einmal auftretenden Unstimmigkeiten und fördert eine enge, freundschaftliche Beziehung zwischen Lehrer und Schüler, was die Kinder mir gegenüber auch durch das kameradschaftliche Du zum Ausdruck bringen, das hier natürlich und selbstverständlich klingt und darum echt ist. Es wird nicht als etwas Besonderes empfunden“ (BRINKMANN: Unsere Schule. In: Edener Mitteilungen. 21[1926], Oktoberheft, S. 13).

rers abgibt. Religion ist nicht zu revidieren“[257], beanstandete Lehrer Kohnert.

Ein besonderes Charakteristikum der Schule war das Fragerecht der Kinder. In Eden gehörte es zu den Grundsätzen des Unterrichts und wurde von Schülern und Lehrern als bereichernd empfunden.[258] Doch gerade das Fragen der Schüler im Unterricht hinterließ häufig keinen günstigen Eindruck bei den Schulinspektoren: Unter dem obligatorischen Punkt „Schulzucht“ schreibt Oberpfarrer Dr. Francke im Schulbericht des Jahres 1911: „Die Kinder sollten schärfer genommen werden, sie flüstern, sagen vor, reden mit u. durcheinander. Nicht, daß sie zuchtlos wären u. den Lehrer beherrschten! Der findet diesen Plauderton ideal und modern. Sie sollen fragen, einwenden, vortragen.“[259]

Wie sehr die Schulpraxis Edens oftmals im Gegensatz zu den Erwartungen der Kreisschulbehörde stand, wird ersichtlich, wenn man diese von 1909 bis 1919 vorliegenden Revisionsberichte heranzieht. Hier herrscht überwiegend ein mit Unverständnis vermengtes skeptisches Staunen über erzielte didaktische Erfolge, oftmals aber lediglich schroffe Ablehnung gegenüber den modernen Methoden. Den Eindruck provinzieller Enge erhält man, wenn man die Bemerkungen über Beobachtungen zum Schulalltag liest, die der Schulinspektor angesichts des Edener Reformunterrichts seinem Bericht anbeistellte. 1919 – es unterrichtete schon Kurt Lindner – schilderte Schulrat Dumdey seinen Gesamteindruck wie folgt:

> Die Leute in der Kolonie sind Abstinenzler. Vielleicht daher der Mangel an Spiritus und die Absonderlichkeiten.
> Der Lehrer scheint sich befreit zu halten von allem Zwang. Wie er in *Sandalen ohne Strümpfe ¼ Stunde zu spät* zum Unterricht kommt (8.13 statt 8.00), so setzt er sich auch sonst über alle Gewöhnungen hinweg und geht in Frei-

---

257 KOHNERT: Die Schule der Kolonie Eden. In: Edener Mitteilungen. 5(1910), S. 8.

258 Vgl. ebda.

259 Schulinspektor Orphal an Regierung in Potsdam: Bericht über den am 9. Dezember 1911 ermittelten Zustand der Schule zu Kolonie Eden (BLHA, Rep. 2 A Regierung Potsdam II N Nr. 544, 10.12.1911). – Am Punkt des Fragerechtes der Kinder wird die Unsicherheit der Begegnung des routinierten Inspektionsbetriebes mit dem Ausnahmefall der kleinen Volksschule Edens sehr deutlich. Die Grundbefürchtung war offenbar, in Eden auf Disziplinlosigkeit und Liederlichkeit und demzufolge auf ein uneffektives Lernklima zu stoßen. Orphal, der nach Oberpfarrer Püschel ab 1911 mehrere Jahre die Schulaufsicht führte, änderte sein anfangs durchweg kritisches Urteil über die Edener Schule in den Folgejahren. 1913 schreibt er über die Schulzucht: „Man muß sich erst in dieses moderne Fragen der Kinder u. Zwischenrufen hineinfinden. Der soviel befragte Lehrer bleibt aber der Kinder durchaus Herr, u. das Fragen wird wirklich dem Unterricht nutzbar“ (Schulinspektor Orphal an Regierung in Potsdam: Bericht des über den am 8. September 1913 ermittelten Zustand der Schule zu Eden [BLHA, Rep. 2 A Regierung Potsdam II N Nr. 544, 08.09.1913]).

heit eigene Wege. Freilich mit geringem Erfolge. Er redet sehr viel über alles Mögliche, aber nur wenige Kinder folgen und haben ein tieferes Wissen.[260]

Es ist zwar richtig, wenn Judith Baumgartner über Edens pädagogische Maßnahmen schreibt, dass Reformvorstellungen in Eden leichter Einzug halten konnten als anderswo.[261] Man darf aber nicht die äußeren Widerstände unberücksichtigt lassen, die modernen Erziehungsvorstellungen in Eden entgegenstanden. Unter dem direkten Zugriff der Schuldeputation Oranienburgs, bis zum Ende des Ersten Weltkrieges zudem unter der Aufsicht der Kirche, konnte die Durchführung eines Reformunterrichtes vorerst nicht leicht Anerkennung finden.

Abb. 7: Unterricht im Freien mit Lehrer Brinkmann (1927)

So musste sich Eden zuweilen gegen die außen stehende Reformerschaft – wenn diese einen vermeintlichen Opportunismus des Edener Kolonielebens kritisierte –verteidigen und auf die harten Zwänge der Realität verweisen:

Eden ist eine Wirtschaftsgenossenschaft, die sich als solche bezüglich der deutschen und preußischen Gesetze, ... zu fügen hat. Eden als Schulhalter hat sich den Anordnungen und der Aufsicht der preußischen Schulbehörden zu

260 Schulrat Dumdey an Regierung in Potsdam: Bericht über die am 10. September 1919 abgehaltene Besichtigung der evang. Schule zu Eden (BLHA, Rep. 2 A Regierung Potsdam II N Nr. 544, 12.09.1919).

261 BAUMGARTNER: Ernährungsreform, S. 173.

unterstellen. ... Solch ein preußisches Rahmenwerk ist bekanntlich straff gefügt, erschwert deshalb die genossenschaftliche Geschäftsführung – besonders wenn das Genossenschaftswerk reformerisch ist! – erheblich und läßt die Edener Geschäftsführung in den Augen weltfremder Utopisten als unduldsam, als bureaukratisch-herrisch und als was weiß sonst noch erscheinen.[262]

Die konservative Reglementierung hat auf die Edener Schulführung an vielen Stellen hemmend gewirkt. Reformpädagogisch intendierte Veränderungen konnten nur nach umständlichen Verhandlungen zur Durchführung gelangen und stießen in der Regel nicht auf die Gegenliebe der Behörden. Auf ein Beispiel möchte ich an dieser Stelle näher eingehen. Es handelt sich um das „Gesuch um Genehmigung eines neuen Stundenplanes für die Edenschule" das Otto Kohnert am 06.03.1910 an Schulinspektor Püschel sandte. Er bittet darin zum einen um einen organisatorischen Umbau der Klassenaufteilung, den die steigende Schülerzahl abverlange und kommt dann im zweiten Teil des Schreibens auf eine von ihm beabsichtigte Reform des Unterrichts zu sprechen:

Für die Schulneulinge – es sind 4 – möchte ich mir die Genehmigung erbitten, den eigentlichen Lese- und Schreibunterricht hienausschieben zu dürfen, daß mit dem Lesen erst nach den großen Ferien begonnen wird, mit dem Schreiben nach den Herbstferien. Ich möchte eine Art des Unterrichts versuchen, wie sie die Vorschule des Gymnasiums zu Schöneberg nach dem Berichte des Herrn Direktors Wetekamp mit bestem Erfolge eingeführt hat. Die Kleinen sollen mit Zeichnen, Tonkneten und Stäbchenlegen beschäftigt werden. Durch Spaziergänge wird die Anschauung erweitert, das Ausdrucksvermögen geübt. Auf diese Weise wird das Auge im Sehen geübt, die Hand im Nachbilden geschickt, so daß das Schreiben und Lesen hernach leichter fällt und das Ziel des ersten Schuljahres doch erreicht wird.[263]

Kohnerts Antrag wurde von der Regierung in Potsdam abgelehnt.[264] Die Sache ist aber aufschlussreich, weil sie auf das über die Erfordernisse des Lehrplanes hinausgehende Engagement Edener Lehrer hinweist. Dazu sind auch die Kontaktaufnahmen zu namhaften Reformpädagogen zu zählen, die von Edener Lehrern im Laufe der Zeit ausgingen. Wilhelm Wetekamp (geb. 1859) ist hier nur eines von mehreren interessanten Beispielen. Der Direktor des Werner-Siemens-Realgymnasiums in

---

262 BLOECK, Richard: Was ist denn nun Eden eigentlich? In: Edener Mitteilungen. 5(1910), S. 3.

263 Kohnert an Schulinspektor Püschel vom 06.03.1910 (BLHA, Rep. 2 A Regierung Potsdam II N Nr. 544).

264 Vgl. Gerichtliche Verfügung der Königlichen Regierung in Potsdam vom 30.04.1910 (BLHA, Rep. 2 A Regierung Potsdam II N Nr. 544).

Berlin Schöneberg[265] hatte sich durch sein Buch „Selbstbetätigung und Schaffensfreude in Erziehung und Unterricht“ innerhalb der Arbeitsschulbewegung auf dem Gebiet des Elementarunterrichts einen Namen gemacht.[266] An der Vorschule des Schöneberger Gymnasiums, die die ersten drei Klassen umfasste, führte Wetekamp seine Methode im Werkunterricht praktisch durch. Dieser Werkunterricht wurde gern besichtigt, wie im Bericht über das Schuljahr 1909/10 vermerkt ist.[267] Es ist gut möglich, dass auch Kohnert zu den Besuchern gehört hatte. Mit Sicherheit aber hat er Wetekamp gelesen.[268]

Wetekamps Unterrichtsreform gründete auf dem Gedanken, dass vor das abstrakte Lernen von Buchstaben und Ziffern eine „Erziehung der Sinnesorgane“ treten müsse. Dem Tastsinn käme dabei besondere Bedeutung zu – Wetekamp spricht von einer „Überlegenheit des Tastens dem bloßen Sehen gegenüber“[269] und kritisiert die einseitige Ausrichtung des Unterrichtens kleiner Kinder auf optischem und akustischem Sinneskanal. Bei genauer Beobachtung kleiner Kinder sei die Erfahrung zu machen, dass mit der Betätigung der Hände die meisten Lernerfahrungen gemacht werden. Er plädiert daher für „rechtzeitige Gewöhnung an richtige Arbeitsweise“[270], deren optimale Form der Werkunterricht darstellt. Wetekamps Buch kann als mustergültige reformpädagogische, „vom Kinde aus“ gedachte Lektüre gelesen werden. Über die Darstellung moderner psychologischer Erkenntnisse gibt es praktische Anleitungen und

---

265 Vgl. Werner Siemens-Realgymnasium zu Schöneberg. Bericht über die Schuljahre 1903/04 und 1904/05, S. 12 und Personalblatt Wilhelm Wetekamp. In: DIPF/ BBF/ Archiv: Personalblattsammlung der Lehrer an höheren Schulen Preußens. Nr. 53. – Wetekamp stand dem Werner-Siemens-Realgymnasium von 1903-1924 vor.

266 Vgl. CLAUSNITZER, GRIMM, SACHSE u.a. (Hg.): Handwörterbuch des Volksschulwesens, S. 341.

267 Werner-Siemens-Realgymnasium zu Schöneberg. Bericht über das Schuljahr 1908/09, S. 19.

268 Davon zeugt nicht nur der Inhalt des zitierten Briefes, sondern auch ein Bericht Kohnerts über seine Unterrichtsführung in den Edener Mitteilungen: „An den Lehrer wenden sich die Kleinen mit ihren Fragen, ihm vertrauen sie ihr Leid, ihn machen sie zum Mitwisser ihrer Freuden. Und er leitet sie ein in die schwere Kunst des Schreibens und Lesens. Aber ehe diese Arbeit beginnt wird viel gemalt, viel geknetet aus Ton und Plastilina, wird im Sand gebaut und im Freien gespielt und – beobachtet. So wird des Kindes Hand geschult, sein Auge geschärft, sein Sprachvermögen entwickelt: Langsam wächst der Geist des Kindes in die ihm fremden Gebiete hinein; mit viel Geduld und viel Nachsicht des Lehrers wird es allmählich Herr der Schreib- und Lesegeschwindigkeit“ (KOHNERT: Aufgabe der Schule im Wirken für die ländliche Siedlung. In: Edener Mitteilungen. 8[1913], S. 5).

269 WETEKAMP: Selbstbetätigung und Schaffensfreude in Erziehung und Unterricht, S. 6.

270 Ebda., S. 7.

in einem abschließenden Teil ausführliche Erfahrungsberichte aus eigener Anwendung.[271]

Von Otto Kohnert sind zweifellos die meisten Initiativen zur Anbindung der Edener Schule an die Reformpädagogik ausgegangen, doch pflegte schon Eduard Dahlke Kontakte zur Landerziehungsheimbewegung, wie aus einem Brief hervorgeht, den Dahlke 1901 an Schulinspektor Püschel schickte.[272] Worin die Kontakte zu Lietz bestanden und ob es überhaupt zu einem Treffen kam, ist aus den Akten zur Edener Schule nicht weiter ermittelbar. Genauer belegt ist hingegen die Korrespondenz zwischen Kohnert und dem Berliner Schulreformer Berthold Otto, obwohl die Quellenlage auch dazu lückenhaft bleibt.[273] Kohnert wandte sich erstmals 1909 ratsuchend an Otto, um ihn über Möglichkeiten der Förderung der Edener Reformschule zu befragen. Der bisher aufgefundene Teil des Briefwechsel lässt auf ein großes Interesse Berthold Ottos an der Edener Schule schließen.[274] Der zur Zeit belegbare Kontakt zwischen Kohnert und Otto endete im November 1913 und dürfte durch den Beginn des Ersten Weltkrieges gänzlich zum Erliegen gekommen sein. Berthold Otto

---

271 Wetekamp positioniert sich übrigens auch zum Fragerecht der Kinder im Unterricht. Er fragt: „Was müßte ... das natürliche Verhältnis zwischen Lehrer und Schüler sein?“ und antwortet darauf: „Daß der Schüler fragt und der Lehrer antwortet“ (WETEKAMP, Selbstbetätigung und Schaffensfreude in Erziehung und Unterricht, S. 11). – „Freilich, eine solche Stille, wie sie sonst in den Klassen herrscht, ist dabei nicht möglich. Es geht zuweilen etwas bunt zu; wer aber gesehen hat, mit welchem Eifer die Kinder bei der Sache sind, und wie wenig sie daran denken, stören zu wollen, der wird sich sehr bald mit dem scheinbaren Mangel an Disziplin aussöhnen und merken, daß in einer solchen lebhaften Klasse mehr innere Disziplin sitzt, als sonst äußerlich durch Zwangsmaßregeln hineingebracht werden kann“ (ebda., S. 12).

272 Es geht in dem Brief Dahlkes an Püschel um die Kündigung seiner Stelle in Eden. Dahlke bittet um eine Vorverlegung des Entlassungstermins, da er sich „in nächster Woche [01.07.1901-07.07.1901; Anm. J.S.] wahrscheinlich ... in Ilsenburg zu einer Besprechung mit Herrn Dr. Lietz, Vorsteher des dortigen Land-Erziehungsheims, einfinden muß“ (Dahlke an Schulinspektor Püschel vom 26.06.1901 [StA Oranienburg, Rep. 8 Nr. 2435]).

273 Im Archiv der Bibliothek für Bildungsgeschichtliche Forschung in Berlin, wo der noch nicht vollständig verzeichnete, unsortierte Nachlass Berthold Ottos lagert (vgl. Prengel; SCHMITT: Erziehung vom Kinde aus. In LARASS [Hg.]: Kindsein kein Kinderspiel, S. 220), existiert in der Akte „Drucksachen Eden“, ein Kuvert, in dem sich zur Zeit neben Zeitschriften und Werbematerial der Kolonie Eden drei Briefe Kohnerts an Otto und die Abschrift eines Antwortbriefes Berthold Ottos befinden. Nach Auskunft einer Mitarbeiterin des Archivs besteht die Hoffnung, dass sich im Verlauf der Verzeichnung des Nachlasses noch mehr Briefe auffinden (vgl. DIPF/BBF/ Archiv: NL 7/OT, Mappe 100).

274 Vgl. Brief Ottos an Kohnert vom 20.11.1913 und Brief Kohnerts an Otto vom 04.12.1913 (DIPF/ BBF / Archiv: NL 7/OT, Mappe 100). – S. Anhang.

bezog aber von Eden noch bis mindestens 1926 Drucksachen, darunter zahlreiche Nummern der Edener Mitteilungen.[275]

Dem Umfeld von Berthold Ottos Hauslehrerschule entstammte auch Kati Lotz, die Vertretung Kohnerts von 1915 bis 1917. Es ist zu vermuten, dass der Kontakt zwischen ihr und Eden durch Berthold Otto zustande gekommen ist. Mit Kati Lotz gewann die Kolonie eine erprobte Reformpädagogin, die zuvor bereits reiche Erfahrungen in der Kindergartenerziehung, als Gründerin der Erziehungsschule Friedenau sowie als Mitarbeiterin in einem von der Frauenbewegung inspirierten sozial- und lebensreformerischen Stadtprojekt, dem „Einküchenhaus" in der Wilhelmshöher Straße in Berlin gesammelt hatte. Das rege und abwechslungsreiche Arbeitsleben, das Kati Lotz nach ihrem Fortgang aus Eden an der Odenwaldschule fortführte, ist kürzlich von Ellen Schwitalski dokumentiert worden.[276] Kati Lotz selbst hat über viele ihrer praktischen Versuche auswertende Berichte vorgelegt, so in der von Otto herausgegebenen Zeitschrift „Der Hauslehrer".[277]

Auf einen weiteren Kontakt wurde bereits hingewiesen. Der an den Preußischen Minister für Wissenschaft, Kunst und Volksbildung in Berlin herangetragene Unterstützungsantrag vom 27.11.1928, in dem um Entsendung eines Lehrers gebeten und von der Bestrebung, in Eden eine Versuchsschule zu eröffnen, berichtet wird, wurde von dem Berliner Schulreformer Wilhelm Paulsen initiiert.[278] Paulsen hatte von 1921 bis 1924 das Amt des Stadtschulrates Groß-Berlins inne. Zuvor hatte er bis Ende 1920 die Hamburger Schule Tieloh-Süd geleitet. Die Mehrheit der Berliner Stadtverordneten hatte Paulsen gewählt, „weil er als ein langjähriger Führer der Hamburger Lehrerschaft und als Organisator der weit über Hamburgs, ja Deutschlands Grenzen hinaus bekanntgewordenen Gemeinschaftsschulen die Gewähr für die Durchführung neuer Schulgedanken zu geben schien."[279]

---

275 Das letztdatierte Dokument der Akte „Drucksachen Eden" ist das Oktoberheft der Edener Mitteilungen des Jahres 1926.

276 Vgl. SCHWITALSKI, Ellen: Pädagoginnen an Reformschulen. Eine historische Untersuchung am Beispiel der Odenwaldschule (1910-1934). (= Dissertation) Universität Bielefeld 2001, S. 319-344.

277 Über viele ihrer praktischen Versuche legte Kati Lotz auswertende Berichte vor, so auch in der von Berthold Otto herausgegebenen Zeitschrift „Der Hauslehrer". Otto selbst hatte für Kati Lotz eine eigene Reihe „Aus der Erziehungsschule Friedenau" eröffnet. Eine Titelübersicht dieser Berichte findet man in den Bänden des „Hauslehrers" 6(1905) und 7(1907), jeweils auf S. III. Ab 1908 endet die Reihe. – Die Gesamtliste ihrer Veröffentlichungen in SCHWITALSKI, S. 344.

278 Abschrift eines Unterstützungsantrages der Kolonie Eden an Ministerialdirektor [Kästner] vom 27.11.1928 (BLHA, Rep. 2 A Regierung Potsdam II N Nr. 544) – Vgl. Anlage.

279 NYDAHL: Das Berliner Schulwesen, S. 53.

Dem Gedanken, die Edener Schule in eine Versuchsschule in Form eines Landerziehungsheimes umzugestalten, hätte unter günstigeren finanziellen Rahmenbedingungen durchaus Erfolg beschieden sein können. Da jedoch eine staatliche Förderungsmöglichkeit von vornherein durch den Privatstatus der Edener Schule ausgeschlossen war, und obendrein die bereits beschriebenen verwaltungstechnischen Probleme auftraten, mussten diese Pläne schon bald verworfen werden. Zur Ablehnung des letzten Antrags muss allerdings bemerkt werden, dass mittlerweile keine grundsätzlichen behördlichen Ressentiments mehr gegen den Reformunterricht in Eden bestanden, wie dies in der Zeit vor dem Ersten Weltkrieg noch der Fall gewesen war. Im Gegenteil: Schulrat und Regierung traten prinzipiell für den Aufbau des Landerziehungsheims bzw. der Versuchsschule ein. Der „Einzug der Reformpädagogik in die schulische Wirklichkeit"[280] – einschließlich der positiven Bewertung durch die verantwortlichen schulpolitischen Instanzen – war auch in Eden zu bemerken.

Die Möglichkeit, in Eden ein Landerziehungsheim zu gründen, wird letztmalig 1932 erwähnt.[281] Dass es nicht dazu gekommen ist, liegt abgesehen von der finanziellen und organisatorischen Mehrbelastung, die die Genossenschaft zu tragen gehabt hätte, letztlich darin begründet, dass Eden kein explizit reformpädagogisches Projekt darstellte und pädagogische Investitionen nur sekundär und funktional zu den eigentlichen Siedlungszielen forcierte.[282]

5.3 Die Kolonie Eden als Stätte der deutschen Jugendbewegung

Eine Trennung von Schul- und Freizeitbereich bestand in Eden zwar schon durch den Halbtagsschulcharakter; auf freiwilliger Basis hat es aber vielfältige, vom Lehrer organisierte Lern- und Freizeitangebote ü-

---

280 SCHMITT: Topographie der Reformschulen in der Weimarer Republik. In: AMLUNG, HAUBFLEISCH, LINK, SCHMITT (Hg.): Die alte Schule überwinden, S. 21.

281 Schulrat Schultz an Regierung in Potsdam vom 09.03.1932 (BLHA, Rep. 2 A Regierung Potsdam II N Nr. 544). – Das Schreiben bezieht sich auf den Antrag Edens an die Regierung in Potsdam auf Errichtung einer Privatschule vom 21.01.1932 (BLHA, Rep. 2 A Regierung Potsdam II N Nr. 544) und lotet die gestalterischen Möglichkeiten eines solchen Projektes aus: Eingedenk des Edener Wunsches nach „Errichtung der Schule auf eigene Kosten auf Grund der boden-, wirtschafts- und lebensreformerischen Bestrebungen", findet Schultz, „daß die Grundsätze Edens erfolgreich nur durch ein Erziehungsheim verwirklicht werden können." – Schultz empfiehlt die Privatschule zu schließen und „für den Fall, daß ein Landerziehungsheim in Eden errichtet wird" zu prüfen, „ob auch die Edener Kinder durch ein solches Heim betreut werden können." – Zur Begründung der Ablehnung des Edener Antrags durch die Regierung in Potsdam siehe Kapitel 5.2.

282 Ein Einfluss der nationalsozialistischen Machtübernahme auf die Angelegenheit ist aus der Quellenlage nicht zu erkennen und dürfte dabei keine Rolle gespielt haben.

ber den Schulrahmen hinaus gegeben. Walter Dittmann gilt in Eden als Initiator der Volksbrauchpflege. Die von ihm ins Leben gerufene Festkultur konnte sich rasch etablieren und erfreute sich bei den Jüngeren, wie in den Vierteljahresberichten der Edener Mitteilungen stets betont wurde, besonderer Beliebtheit.[283]

Von Otto Kohnert berichtet die Gedenkschrift zum 25jährigen Bestehen der Kolonie, er habe „die Edener Schule als erste deutsche Volksschule in die Bahnen der Wandervogelbewegung herein[geführt].“[284]

Die Wandervogelbewegung leitete die deutsche Jugendbewegung ein.[285] Ihre Entstehung wird auf die Gründung des Steglitzer Vereins „Wandervogel, Ausschuß für Schülerfahrten“ im Jahre 1901 datiert; erste im Stile der später gegründeten Wandervogelverbände organisierte Jugendwanderaktivitäten bestanden aber bereits seit 1890, als Hermann Hoffmann-Fölkersamb (1875-1955) Landfahrten mit seinen Mitschülern plante und durchführte.[286] Als Ausdruck einer eigenen Jugendkultur – kritisch gegenüber der bürgerlichen Erwachsenenwelt und einer beginnenden Trivial- und Massenkultur entgegengesetzt – knüpfte die Wandervogelbewegung an mittelalterliche, burschenschaftliche Traditionen und an das „Bild des fahrenden Scholaren“[287] an; zugleich war sie von asketischen Momenten der Lebensreform durchdrungen.

Die Edener Wandervogel-Ortsgruppe wurde von Lehrer Kohnert 1910 ins Leben gerufen. Schon 1908, noch vor seinem Dienstantritt, hatte er für die Kinder Edens eine dreitägige Wanderfahrt auf die Insel Rügen organisiert und damit großen Anklang gefunden.[288] Schon bald schlossen sich weitere Fahrten an. Im Vordergrund dieser Reisen stand das Erlebnis des Wanderns und unmittelbaren Natur- und Heimaterlebens. Die Edener Wandervögel bereisten Ziele der näheren und ferneren Umgebung und legten bei einfacher Kost Tagesmärsche von mehr als dreißig Kilometern

283 Siehe Kapitel 3.3.

284 Die Obstbausiedelung Eden in den ersten 25 Jahren ihres Bestehens, S. 110 f. – Innerhalb des Wandervogels bestanden Ressentiments gegenüber der Aufnahme von Volksschülern und es fanden heftige Diskurse zu dieser Frage statt (Vgl. HEPP: Avantgarde, S. 30). – Mit der Zeit drängten aber Volksschülergruppen mehr und mehr in den Wandervogel hinein. Bei der zitierten Einschätzung der Pionierrolle Edens ist jedoch Vorsicht geboten. Schon im Oktober 1907 bestand zum Beispiel die Ortsgruppe Dresden II nur aus Volksschülern oder aus gerade erst Entlassenen (vgl. KINDT [Hg.]: Die Wandervogelzeit, S. 144).

285 Vgl. zur Geschichte der Jugendbewegung und des Wandervogels MOGGE: Jugendbewegung. In: KERBS, REULECKE (Hg.): Handbuch der deutschen Reformbewegungen, S. 181-196, sowie HEPP: Avantgarde. Darin Kapitel I: Wandervogel (S. 11-43).

286 Vgl. HEPP: Avantgarde, S. 11.

287 KINDT: Die Wandervogelzeit, S. 19. Vgl. auch HEPP: Avantgarde, S. 15.

288 Eine Beschreibung der Reise enthält der Artikel von Otto KOHNERT „Wanderfahrt der Edener Schule nach Rügen“ in: Edener Mitteilungen. 4(1909), S. 33-37.

zurück.[289] Nach Wandervogelart wurden die Gerichte selbst zubereitet und Nachtquartier auf Heuböden oder in billigen Pensionen genommen. Hinterher verfassten die Wandervögel meist Reiseberichte für die Edener Mitteilungen, aber auch im „Märkischen Fahrtenspiegel", dem Gaublatt der brandenburgischen Wandervögel, findet man ihre Berichte. Im nahegelegenen Kremmener Luch richtete sich die Edener Wandervogelgruppe ein eigenes Landheim ein, in welchem häufig eingekehrt wurde und Teile der Sommerferien verbracht werden konnten. In gemeinsamen Arbeitsfahrten wurde dieses „Nest", eine ehemalige Torfstecherei, selbständig und mit einfachen Mitteln bewohnbar gemacht.[290] „Ist das nicht gute, praktische Erziehung für künftige Kolonisten?"[291] merkte Otto Jackisch wohlgesonnen in einem in den Edener Mitteilungen erschienenen Bericht über das Landheim an.

Dem Edener Wandervogelleben hafteten Freiheitslust und Abenteurertum an, welche Lehrer Kohnert geschickt zu bedienen verstand, freilich nicht ohne erzieherische Intentionen. Ohne Zweifel diente der Edener Wandervogel auch pädagogischen Zielen:

> Wir sind uns darüber klar, daß die besten Arbeiter am genossenschaftlichen Siedlungswerk die Jungen sein werden, die von Kindheit an in diese Lebensrichtung hinein wachsen, denn die aus der Stadt kommenden Alten haben meistens die Eignung für Landleben und Gartenbau verloren. Die Edener Jungen und Mädels sollen ihre Heimat und ihr Volkstum kennen und lieben lernen, sodaß sie nicht erst Geschmack gewinnen am Stadtleben und seinen Lockungen. Ein vorzügliches Mittel dazu ist das Wandern, das zudem ein natürliches Genossen-Verhältnis unter den Wanderkameraden erzieht. Einfachheit der Lebensführung, Ausdauer und Selbstzucht übt das Wanderleben umso mehr, als Edener Wanderfahrten unter strenger Alkoholabstinenz, bei einfacher vegetarischer Kost und oft vorwiegender Früchtediät geübt werden.[292]

---

289 Vgl. KOHNERT: Edener Wandervögel in Mecklenburg und Brandenburg. In: Edener Mitteilungen. 5(1910), S. 29-33.

290 Vgl. BLÜCHER: Eden. In: Märkischer Fahrtenspiegel 1912, S. 159. – Der Edener Wandervogel Blücher berichtete damals über das Leben im Landheim: „In und an unserem Luchnest arbeiteten wir tüchtig weiter und machen´s uns nach und nach immer wohnlicher, so daß eine Horde von uns mit Vater Kohnert während ihrer achttägigen Standbleibe in den Ferien ganz der beschaulichen Ruhe leben konnte. Sie machten sich aber bei den umwohnenden Bauern des öfteren durch Hilfeleistungen beim Heuen verdient und erkundeten auch auf unserem aus dem Moor erst unter großen Mühen hervorgezogenen alten Kahn die Gewässer der ganzen Gegend" (ebda., S. 159 f.).

291 KOHNERT: Aus dem Edener Jugendwerk! In: Edener Mitteilungen. 7(1912), S. 38. – Das Landheim im Luch bei Sommerfeld hatte bloß kurze Zeit Bestand. 1913, gut ein Jahr nach dem Einzug, notierte der Märkische Fahrtenspiegel: „Die Edener haben ihr schönes Luchheim bei Kremmen aufgeben müssen, da das Haus an einen Jäger vermietet wurde" (Märkischer Fahrtenspiegel 1913, S. 114).

292 KOHNERT: Aus dem Edener Jugendwerk! In: Edener Mitteilungen. 7(1912), S. 29.

So kann der Edener Wandervogel als Verknüpfung der reformpädagogischen Bemühungen und der lebensreformerischen Dispositionen des Siedlungslebens gesehen werden. Bemerkenswert ist, dass die Aktivitäten des Wandervogels im Binnenklima Edens kein Jugendprotestausdruck gewesen sind, sondern vielmehr ein Kameradschaftsverhältnis zwischen den Generationen belegen. Bei einer der größeren Fahrten im Sommer 1912 wanderte eine Gruppe von drei Jungen, zwei Mädchen und zwei wanderlustigen Edener Genossen gemeinsam bis nach Rügen.[293] Die beiden zu dieser Reise vorliegenden Berichte, von denen einer aus der Feder des Wandervogels Blücher stammt und einer von den beiden älteren Wanderern verfasst wurde, berichten von durchweg positiven Erfahrungen der Reise. Letztere betonen die beiderseitigen Lernerfahrungen:

> Uns beiden Alten kam es gerade bei dieser Wanderung im dauernden Sonnenbrand – wir hatten bis zum letzten Abend keinen Tropfen Regen – zum Bewußtsein, was das Wandern für Jung und Alt doch für ein gutes Erziehungsmittel ist. ... Und so müssen wir uns heute wünschen, daß die Zeit nicht mehr fern sein möchte, wo es jedem deutschen Elternpaar innerlich und äußerlich möglich ist, zu diesem Zwecke sich jährlich einmal eine Woche frei zu machen, um mit seinen Kindern in so weitgehender Einfachheit durchs deutsche Land ... zu ziehen.[294]

Neben den Wanderaktivitäten war die „Edener Gilde älterer Wandervögel"[295] auch um Kooperation mit verschiedenen Reformverbänden außerhalb Edens bemüht. Sie richtete 1916 den 1. Edener Freilandsiedlungstag aus, um sich einen Überblick über den Stand der Siedlungsbestrebungen innerhalb der Jugendbewegung zu verschaffen.[296] Zu der Veranstaltung, die in Eden stattfand, waren 60 Vertreter jugendbewegter Kreise erschienen, unter ihnen der für die Siedlungsgenossenschaft „Erdsegen" sprechende Redner Oehring von den „Wanderscharen" und der aus dem Projekt „Sonnenberg" in der Lüneburger Heide angereiste Lebensreformer Küppers. Zudem wurde der Genossenschaftsvorstand der Kolonie Eden als Beratung hinzugezogen. Im Ergebnis der Veran-

---

293 Vgl. BLÜCHER: Eden. In: Märkischer Fahrtenspiegel 1912, S. 160 und KOHNERT: Aus dem Edener Jugendwerk! In: Edener Mitteilungen. 7(1912), S. 34-37.

294 J.-B.: Wanderfahrt an die Ostsee. In: Edener Mitteilungen. 7(1912), S. 37.

295 Die „Edener Gilde älterer Wandervögel" war eine von der Ortsgruppe des Wandervogels, die die Volksschulkinder umfasste, getrennte Gruppierung (vgl. Eden im deutschen Krieg 1914. In: Edener Mitteilungen. 9[1914], S. 55). – Hier werden beide Gruppen nebeneinander erwähnt.

296 Vgl. BÜCHELER, JACKISCH, BLOECK: Was brachte der 1. Edener Freilandsiedlungstag? In: Edener Mitteilungen. 11(1916), S. 49-56. – Wichtig für die nachfolgende Interpretation des Artikels ist, dass zwei der Verfasser (Jackisch und Bloeck) nicht dem Edener Wandervogel, sondern dem Genossenschafsvorstand angehörten.

staltung wurde die Gemeinsamkeit der Ziele von Jugend- und Siedlungsbewegung betont, aber auch auf Diskrepanzen zwischen den Vorstellungen unerfahrener Schwärmer und den erprobten Genossenschaftlern aus Eden hingewiesen. Über Oehrings Vortrag heißt es im Veranstaltungsbericht: „Zum großen Teil alles recht abseits der menschlichen Wirklichkeit, wie sie nun einmal ist. ... Wir Edener haben die Wirklichkeit zu sehr kennengelernt, um an die Erfüllung solcher Pläne zu glauben."[297] Die hier anklingende Skepsis der Älteren gegenüber jüngeren Reformern ist möglicherweise das einzige erhaltene Zeugnis eines etwaigen Generationenkonfliktes. Das Dokument verliert für Eden aber an Aussage, weil es sichtlich um Externalisierung des Problems bemüht ist. Die weltfremden Utopisten kommen von außen, die Edener Jugend wird als integrer Bestandteil der Genossenschaft zu sehen gewünscht. Jedem jungen Siedlungswilligen wird zwar zugebilligt, „sich derjenigen Richtung anzuschließen, die nach seiner Meinung am besten nach seinem Ziele führt", zugleich betonen die Verfasser aber auch, viele der geäußerten Positionen „ablehnen [zu] müssen, weil sie die Jugend verwirren. Es ist eben ein Unding, ‚neue', ‚eigene' Siedlungspläne und Leitsätze ohne eigene Erfahrung besonders im Gemeinschaftsleben ‚machen' zu wollen, die schlechtweg besser sein sollen."[298] Es ist also nicht von der Hand zu weisen, dass es auch in der Reformsiedlung Eden Tendenzen zur Konformierung der Jugendbewegung durch Einflussnahme der älteren Generation gegeben hat, die sich, dem gängigen Muster entsprechend, auf ihren Erfahrungsvorsprung stützen konnte.

Der Edener Wandervogel stand indessen weder außerhalb des Kolonielebens noch außerhalb regional übergreifender Verbände. Im Verband der 56 märkischen Gruppen[299] kam ihm eine bedeutsame Rolle zu. Die Edener war darin eine der wenigen Ortsgruppen, die gemeinsame Fahrten organisierte und sich immer wieder um den Zusammenhalt der verschiedenen Verbände bemühte. Besonders erwähnenswert ist das von den Edener Wandervögeln organisierte Großtreffen anlässlich des hundertsten Jahrestages der Völkerschlacht bei Leipzig im Oktober 1913, bei dem sich immerhin 500 Wandervögel zusammenfanden. Es handelte sich um ein Paralleltreffen zum Ersten Freideutschen Jugendtag auf dem Hohen Meißner.[300] Durch Anzeige im Märkischen Fahrtenspiegel wurde das Treffen angekündigt:

---

297 Ebda., S. 51.

298 Ebda., S. 55.

299 Inklusive 22 Berliner Ortsgruppen (vgl. Statistik 1915. In: Wandervogel. Gaublatt für Brandenburg. 7[1916], S. 44).

300 Vgl. zu diesem MOGGE, REULECKE: Hoher Meißner 1913. Der Erste Freideutsche Jugendtag in Dokumenten, Deutungen und Bildern. Köln 1988.

Heil allen Wandervögeln unserer Mark!
Zu Beginn des Heuerts[301] saßen wir beieinander auf dem alten Buchberge bei Vehlefanz (Bahnlinie Berlin-Kremmen) über hundert Wandervögel aus Dahme, Nauen, Charlottenburg, Berlin-Norden, Steglitz, Tegel, Reinickendorf, Oranienburg, Eden. Und die gastfreundlichen Bewohner von Vehlefanz umstanden uns und hörten und sahen unserem Tanzen und Singen zu. Da gelobten wir uns einander am 18. Oktober, einem Sonnabend, hier allesamt wieder zusammenzukommen und möglichst viele unserer Volksgenossen mitzubringen, um bei loderndem Feuer in unserer Art mitsamt den Vehlefanzer Bauersleuten der 100jährigen Wiederkehr der Schlacht bei Leipzig zu gedenken. Der Ort ist einzig geschaffen zu solcher Feier für uns Märker. Also wohlan, rüstet Euch Mann für Mann beizeiten und laßt uns dem märkischen Wandervogel so ein Denkmal setzen, das uns einander nahebringt. Wir Edener wollen alles, besonders die Bleiben, vorbereiten. Gebt rechtzeitig Kunde an Lehrer Kohnert, Eden. Heil! Die Edener Wandervögel.[302]

Für den national gesinnten Otto Kohnert war 1914 der Einzug in den Krieg Ehrensache und patriotische Pflichterfüllung. Als sich am 1. August, dem Mobilmachungstag, die Edener fast vollzählig auf dem Festplatz zusammenfanden, brachten er und Otto Jackisch „in flammenden Worten zum Ausdruck, daß es sich jetzt um Sein oder Nichtsein des Deutschen Volkes handelt."[303] Man sang „Deutschland, Deutschland über alles", und am Folgetag zogen Kohnert und Lindner in den Krieg. Vorerst bewachten die beiden Lehrer die Nordbahn bei Fichtengrund, einem Eisenbahnabschnitt in der Umgebung Edens, von dem es hieß, dass feindliche Spione dort Sabotageakte planten.[304] Kohnert verließ dann die Heimat, nahm am Serbienfeldzug teil und fiel am 13. Mai 1916 vor Verdun. Durch den Tod Otto Kohnerts erlitten Schule und Wandervogel einen unwiederbringlichen Verlust.

Die Wandervogelgruppe, die sich nach dem Ersten Weltkrieg in eine Mädchen- und Jungengruppe teilte, bestand noch bis in die dreißiger Jahre fort. Im September 1933 wurde die Edener Jugend dann durch den Lehrer und HJ-Führer Fritz Zeitschel zum Eintritt in die Hitlerjugend bewegt, was offenbar nicht ohne massive Propaganda im Vorfeld zu be-

---

301 Alte deutsche Monatsbezeichnung für Juli.

302 Die Edener Wandervögel: Heil allen Wandervögeln unserer Mark! In: Märkischer Fahrtenspiegel 1913, S. 114. – S. auch im Anhang den Artikel „Von den Edener Wandervögeln!" aus: Edener Mitteilungen. 8(1913), S. 49-50.

303 Eden im deutschen Krieg 1914. In: Edener Mitteilungen. 9(1914), S. 54.

304 Die Furcht vor Spionen brachte die Edener zudem darauf, in den ersten Kriegstagen nächtliche Patrouillengänge durch die Kolonie durchzuführen, bei denen sie aber ausschließlich einige Obstdiebe aus Oranienburg aufspürten. Schon nach wenigen Tagen wurde der Wachtdienst gelockert (vgl. ebda.).

werkstelligen war.[305] Immerhin wurde von Gertrud Quittmann, der Leiterin der Mädelgruppe, noch am 2. April 1933 in einer Rede vor der Edener Mädelgruppe eindrucksvoll zu „Edener" Toleranz und Tugend gemahnt. Ein wesentliches Ziel der Arbeit sei es, „eine Überlieferung Edens in uns lebendig zu machen, die vielleicht gerade für unsere kommende Generation von größter Wichtigkeit sein wird, und das ist: strenge Selbsterziehung, die uns zur Achtung vor der Persönlichkeit des Mitmenschen führt, zur Achtung vor seiner Lebensauffassung, sei sie auch unserer eigenen noch so entgegengesetzt. Wir erkennen also als Gruppe *keine* Bindung an, weder weltanschaulicher, noch politischer, noch religiöser Art. Es darf sich jeder frei äußern, und wir werden dadurch lernen, daß in jeder Lebensauffassung eine innere, durch Entwicklung bedingte Berechtigung steckt."[306]

5.4 Das Vegetarische Kinderheim

„Das Erlösungswerk der Menschheit beginnt mit dem Errettungswerk an den verlassenen Kindern"[307] schreibt Hans Christian Harten über das gesellschaftsutopischen Praxisversuchen seit dem katholischen Frühsozialismus anhaftende Moment der Aufnahme und Erziehung bedürftiger Kinder. Solcherlei „pädagogisches Sühnewerk" hat es im lebensreformerischen Bereich mehrmals gegeben.[308] Und das aus dem schon bekannten Motiv: „Die von der Gesellschaft verlassenen, ausgestoßenen Kinder haben von ihr am wenigsten zu erwarten, sind also auch am wenigsten an sie gebunden und daher am ehesten zugänglich für das Heiligungswerk; und von ihnen geht am stärksten der Ruf nach Umkehr und Sühne an die Erwachsenen aus."[309]

Für Eden, das im Jahre 1909 seinen Aufruf zur Gründung eines vegetarischen Kinderheimes herausgab,[310] trifft diese Deutung den Kern. Otto Jackisch als Verfasser des Aufrufs spart darin nicht an hoffnungsfrohen Worten: „Das Scherflein, das wir auf diesem Altar der Menschlichkeit opfern, wird uns tausendfachen Lohn tragen und kann – lawinenhaft

305 Vgl. BÖTTGER: „Eden" und „Falkenberg", S. 200.

306 QUITTMANN: Bunter Nachmittag der Edener Mädelgruppe am 2. April 1933. In: Eden. Monatsschrift mit Bildern. 28(1933), S. 91 f.

307 HARTEN: Neue Menschen, S. 229.

308 Harten zieht als Beispiele die Siedlung „Sannertz" des Landauer-Schülers Eberhard Arnold und den von Emil Blum gegründeten „Habertshof" – beide aus den 20er Jahren des 20ten Jahrhunderts – heran (vgl. HARTEN: Neue Menschen, S. 229-231).

309 HARTEN: Neue Menschen, S. 229 f.

310 Vgl. JACKISCH, Otto: Aufruf für das Edener vegetarische Kinderheim. In: Edener Mitteilungen. 4(1909), S. 19-24.

wachsend – die weltbewegende Kraft der natürlichen Lebensfreude in unsere danach dürstende Menschheit tragen, um sie *mit Gesundheit anzustecken*!“[311] So als müsse er seinen eigenen Enthusiasmus bremsen, betont Jackisch, dass man ihn als „ruhigen Gegenwartsmenschen“ kenne, dass aber wohl nichts mehr als dies die Realisierbarkeit der Vision von der Gründung eines Vegetarischen Kinderheimes und der daran geknüpften Erwartungen stütze. Das Dokument, das ich hier in Teilen wiedergebe, spricht für sich:

> Haben wir die Jugend, so haben wir die Zukunft! An der schon im Absterben begriffenen Generation haben wir wohl Pflichten des Mitleids und der Menschlichkeit zu erfüllen, *aber Aufbauarbeit zur besseren Zukunft ist der Jugend zu widmen*! Erziehen wir sie im Geiste einer einfachen, gesunden, lebensfrohen starken und sittlichen Weltanschauung, wie sie der wohlverstandene Vegetarismus ist, so tun wir alles für [die] Besserung der sozialen Nöte, was wir auf dem Gebiete der Erziehung tun können! Diese Aufgabe im eigenen Familienkreise durchzuführen, ist *unsere Pflicht*. Armen oder verwaisten Kindern, welche genügend gesunde Veranlagung mitbringen, um tüchtige Glieder der Menschheit und unseres Volkes zu werden, solche Erziehung in einem das Elternhaus ersetzenden Heim zu bieten, das sei unsere frei und mit Hingebung geübte Lust, *unser lebendiger Dank gegen eine gütige Vorsehung, die uns an die herrlichen Quellen freudigen Lebensgenusses führte*! ... Ist diese Begeisterung zu himmelstürmend, liebe Gesinnungsgenossen und -genossinnen? Glaubt ihr nicht an den Siegeslauf unseres in Taten umgesetzten Willens? – Koppelt sie nur los, diese große Kraft, die Wunder verrichten kann, löst sie von der Fessel angstvoller Zurückhaltung und Unterschätzung! Es liegt an uns und Euch, den ins Rollen gebrachten Stein kraftvoll weiterzutreiben, und jede bewegende Kraft muß Folgen auslösen, die lawinenartig wachsen.[312]

Durch Zeitschriftenwerbung und Gründung einer Stiftung war es bereits nach einem Vierteljahr gelungen, das Kinderheim, vorerst nur für zahlende Kinder, zu eröffnen. Die Räumlichkeiten[313] waren im September 1909 bezugsfertig. Zur Betreuung der Kinder hatten sich im Genossen Tilly und der Witwe Brüggemeier zwei überzeugte Vegetarier bereiterklärt. Ein dreijähriger Junge bezog das Heim Anfang 1910, Mitte des Jahres besuchten bereits acht Kinder die Anstalt. Durch den Eingang weiterer Spenden hoffte man, dass es bald gelingen würde, einige Wai-

311 Ebda., S. 19.

312 Ebda.

313 Je ein Schlafzimmer für Jungen und Mädchen, ein gemeinsames Eß- und Wohnzimmer, sowie ein Badezimmer. Der anbei gelegene große Garten des Genossen Tilly konnte vom Kinderheim mitgenutzt werden (vgl. JACKISCH, BLOECK, LIMPER: Kinderheim-Bericht I. In: Edener Mitteilungen. 4[1909], S. 38).

sen aus Stiftungsgeldern aufzunehmen.[314] Eine erste Finanzierungsquelle war durch das von Eden übernommene Stiftungsvermögen des 1906 aufgelösten Berliner Kinderheim-Vereins „Wohlfahrt“ gegeben.[315] Dank reger Spendentätigkeit aus wohlgesonnenen Kreisen war nach einem Jahr ein Vermögensgrundstock von 13.000 Mark beisammen.[316] Vermittelt werden sollten allem voran eine vegetarische Gesinnung, aber auch handwerkliche Fähigkeiten.[317] Als 1910 zwei deutschstämmige Jungen aus Mittelamerika Aufnahme in das Kinderheim finden sollten, verkündete das Kuratorium, dass man nunmehr auch einen Beitrag zur Nationalerziehung erbringen werde. Ferner gab es Musik- und Sprachunterricht in Französisch und Englisch – all das bei „gegen andere Landerziehungsheime“ [!] sehr niedrigen Pensionspreisen.[318]

Gemessen an der hohen Erwartungshaltung nahmen sich die Erfolge des Kinderheims eher bescheiden aus. Schon 1911 beklagte das Kuratorium, „daß wir uns in der Weiterarbeit am veg. Kinderheim sehr viel mehr Beschränkungen auflegen mußten, als wir anfangs geglaubt hatten.“[319] Die verschiedensten Elternwünsche und die noch immer nicht zufriedenstellende Finanzlage erschwerten eine kontinuierliche Arbeit.[320] Personalneubesetzungen oder zeitweilige Schließung des Heimes mussten in den Folgejahren hingenommen werden.[321] Trotz mitteilenswerter Teilerfol-

---

314 Vgl. ebda.

315 Vgl. JACKISCH, Otto: Bericht über die Edener Stiftungen. In: Edener Mitteilungen. 6(1911), S. 25.

316 Vgl. BLOECK, LIMPER, JACKISCH: Das Edener Vegetarische Kinderheim. In: Edener Mitteilungen. 5(1910), S. 22. – Den finanziellen Grundstock legte ein von der Genossenschaft eingerichteter Fond von ca. 2500 Mark zuzüglich der Spende einer Gesinnungsgenossin Edens von 10.000 Mark (vgl. JACKISCH, Otto: Bericht über die Edener Stiftungen. In: Edener Mitteilungen. 6[1911], S. 20). – Auch der ehemalige Lehrer Ernst Steeger gehörte zu den Geldgebern. Als er am 18. Mai 1909 in Eden starb, wird seine Spende in der Todesanzeige extra vermerkt: „Seine Liebe zur Erziehungsaufgabe bewies er über sein Grab hinaus dadurch, daß er seine ihn pflegende Mutter bat, seine kleinen Ersparnisse zu verteilen an drei Reformbestrebungen, darunter das Edener vegetarische Kinderheim“ (Nachruf auf Dr. phil. Ernst Steeger. In: Edener Mitteilungen. 4[1909], S. 39).

317 Vgl. JACKISCH, Otto: Bericht über die Edener Stiftungen. In: Edener Mitteilungen. 6(1911), S. 26. – „Unsere Jugend müssen wir zur Fortführung und Ausbreitung unserer Reformer-Arbeit und des ländlichen Siedelungswerkes erziehen!“ schreibt Jackisch.

318 BLOECK, LIMPER, JACKISCH: Edener vegetarisches Kinderheim. In: Edener Mitteilungen. 5(1910), S. 10. – Die monatlich zu zahlenden Beträge beliefen sich pro Kind auf 30 bis 35 Mark Verpflegungskosten und waren an denen des Breslauer Vegetarischen Kinderheimes orientiert (vgl. Jahresbericht des Edener vegetarischen Kinderheims. In: Edener Mitteilungen. 6[1911], S. 33).

319 Jahresbericht des Edener vegetarischen Kinderheims. In: Edener Mitteilungen. 6(1911), S. 33.

320 Vgl. ebda.

321 Vgl. Edener Vierteljahresbericht. In: Edener Mitteilungen. 6(1911), S. 57.

ge[322] wurde das Stiftungskinderheim 1915 geschlossen und in dic Gartenbaulehrstätte „Siedelgart“[323] überführt.

Abb. 8: Vegetarisches Kinderheim

322 So berichtete das Kuratorium 1914: „Von zwei Knaben, die Ostern 1914 die Schule und damit das Edener Kinderheim verlassen, wird der eine in Eden selbst in Gärtnerlehre treten, der andere in seiner Heimat ebenfalls den Gärtnerberuf ergreifen. Auch ein im vorigen Jahre entlassener Knabe wurde Gärtner. Es ist dies ein Zeichen, daß die Kinder in der Edener Erziehung das Landleben lieb gewinnen und darin zu bleiben wünschen“ (Vom Edener vegetarischen Kinderheim! In: Edener Mitteilungen. 9[1914], S.7 f.).

323 „Siedelgart“ ist der Name für die 1915 gegründete Edener Lehrstätte für ländlich-genossenschaftliches Siedeln (s. Kapitel 5.5. – Neben dem genossenschaftlichen Stiftungs-Kinderheim wird immer wieder auch der Betrieb privat geführter Kinderheime erwähnt. Ein privates Kinderheim in Eden führte beispielsweise von 1912 bis 1915 Emma Mann, die Frau des bekannten vegetarischen Wettgehers Karl Mann (vgl. Vom Edener vegetarischen Kinderheim! In: Edener Mitteilungen. 9[1914], S. 7). – Weitere private Heime wurden von Valesa Heintze oder Dorothea Roth betrieben (vgl. Informationsblatt „Kinderheime in Eden“ [Archiv der Obstbausiedlung Eden]).

Ein zweiter Anlauf zur Gründung eines genossenschaftlich betriebenen Kinderheims wurde 1921 unternommen. Am 1. April im Edener „Kunsttempel der Hochschule für Freikultur" eröffnet, wurde das Heim nun in einer Kombination aus privater Unterbringung und Tagesaufenthalt geführt.[324] Überwiegend Edener Kinder im Alter von drei bis sieben Jahren besuchten die Einrichtung. Dieser zweite Versuch des Kinderheimbetriebes war mehr ein Hort zur vorschulischen Erziehung Edener Kinder und wurde mit weniger illusionärer Betonung angekündigt als sein Vorgänger. Die Ausstattung des Heimes im Edener Kunsttempel war allerdings bemerkenswert. In einem „künstlerisch empfundenen und durchgebildeten Raum mit Nebengelassen und einem anschließenden Licht-, Luft-, Sand-, und Wasserbad" war es mit „leichten, bunt gestrichenen Tischchen und Stühlchen, den einzelnen Größen der Kinder entsprechend, aus dem Montessorimaterial und den Haus- und Gartengeräten, alles in sauberer, gediegener Ausführung"[325] bestückt.

Abb. 9: Vegetarisches Kinderheim im Kunsttempel

Die Unterbringung des Kinderheims im Kunsttempel war nur von vorübergehender Dauer. Später ging man dazu über, auswärtige Kinder in Privatpensionen zu zeitweisem Aufenthalt nach Eden zu holen.[326] „Ge-

324 Vgl.: Das vegetarische Kinderheim in Eden. In: Edener Mitteilungen. 16(1921), S. 12 f.

325 Ebda. – Vgl. auch Abb. 9.

326 Vgl. Edener vegetarisches Kinderheim. Stiftungen. In: Edener Mitteilungen. 21(1926), S. 11 f.

lingt es uns, da und dort ein Kinderdasein aus der Stadt sonnig und froh zu machen, dann schätzen wir uns glücklich. Wir wissen, es ist nur ein Tröpfchen auf den heißen Stein, was wir der großen Not unserer Mitbrüder draußen gegenüber tun können. Doch das ist kein Grund, auch dies Mögliche zu lassen“[327], schreibt Rosel Landmann-Kohler, die 1926 eine durch die Stiftung finanzierte Pflegschaft für ein Magdeburger Kind übernommen hatte. Für die kleineren Kinder Edens öffnete im Oktober 1929 unter der Leitung von Gertrud Quittmann ein Kindergarten, der bewusst die außerfamiliäre Erziehung des Nachwuchses nach Edener Eigenart, mit besonderer Betonung der Gemeinschaftserziehung, übernahm.[328] Privatpensionen und Kindergarten hatten also seit den zwanziger Jahren auf dem ursprünglichen Gedanken der Betreibung eines zentralen Kinderheimes mehr und mehr aufgesattelt. Der Stiftungsfonds für das Kinderheim ist in den Edener Mitteilungen noch bis 1930 nachweisbar,[329] danach werden Pläne außerschulischer genossenschaftlicher Kindeserziehung in den Edener Mitteilungen kaum noch erwähnt.

5.5 Edener Fort- und Ausbildungsstätten

Zum Spektrum Edener Erziehungs- und Bildungseinrichtungen gehörten neben den bisher skizzierten Bereichen auch noch einige über das Schulwesen hinausführende Fortbildungsstätten. Diese Lehrstätten dienten primär ebenfalls der Vermittlung lebensreformerischen Gedankengutes und der Rekrutierung einer neuen Generation künftiger Siedler. Auf die Jugend zu vertrauen, bedeutete dabei, das Werk Edens weiterzugeben und den Erfolg der Siedlung für die Zukunft zu garantieren. Was die Alten nicht schaffen könnten, würden die Jungen besser machen, war die häufig geäußerte Meinung. Vielen Erstbesiedlern hafteten noch großstädtische Unarten an, hieß es. Wer aus der Stadt nach Eden

---

327 LANDMANN-KOHLER: Die Siedlung als Kinderparadies. In: Edener Mitteilungen. 21(1926), S. 11.

328 Elfriede Schwarz, die von 1920 bis 1923 als Lehrerin in der Edener Schule tätig war, bemerkt zur Kindergartenerziehung in Eden: „Die Erziehung zur Selbständigkeit und das Sicheinfügen in die Gemeinschaft ist so wichtig für unsere Kinder. Man mag sonst und im Grundsatz zur Frage, ‚ob Kindergarten oder nicht‘ stehen, wie man will, daß hier Wertvolles geleistet wird, ist unzweifelhaft. Es handelt sich nicht nur darum, das Kind für drei Stunden zu beschäftigen und zu behüten, sondern es wird bei der Erziehung gerade der ‚schwierigen‘ Kinder wertvolle Hilfe geleistet. Leichter lernt sich das Einfügen hier als zu Hause, reibungsloser und selbstverständlicher geht das Einordnen vor sich“ (SCHWARZ: Der Edener Kindergarten. In: Edener Mitteilungen. 27[1932], S. 88).

329 Vgl. Bericht über die 36. ordentliche Hauptversammlung der Gemeinnützigen Obstbau-Siedelung Eden e.G.m.b.H. In: Edener Mitteilungen. 25(1930), S. 12.

zöge, dem fehlten häufig Ausdauer, Kraft und Bescheidenheit. Besonders nutzlos seien Kriegsversehrte und Alte, die es nach Eden zöge.[330] Von der Jugend hingegen erwartete man eine Veredelung der Edener Gemeinschaft und das Mittel zum Zweck war die *Erziehung zum Kolonisten.*[331] „In diesem Sinne bestätigt auch Eden die Erfahrung des alten Fritz: Die erste Siedlergeneration taugt nichts! Die zweite wird aber nur besser, wenn die erste wenigstens den Willen und die Kraft zur Erziehung und noch mehr zum Erziehenlassen der zweiten hat."[332]

Einen frühen Appell, den Edener Kindern nach Verlassen der Volksschule entsprechende Weiterbildung angedeihen zu lassen, äußerte Lehrer Dittmann schon 1907 in den Edener Mitteilungen.[333] Als Ersatz für die noch fehlende Fortbildungsschule schlug er vor, den Schulentlassenen eine Zusammenstellung empfehlenswerter Literatur an die Hand zu geben. 1911 wurde schon konkreter darüber diskutiert, ob es nicht „gut und notwendig [sei], unseren Nachwuchs für den Obstbauernberuf vorzubereiten."[334] Mitte 1915 beschloss die Genossenschaft dann die Gründung von „Siedelgart", der Lehrstätte für ländlich-genossenschaftliches Siedeln.[335]

> Siedelgart (= Siedlergarten) will junge Leute beiderlei Geschlechts unter sachkundiger Führung anleiten, in den Edener genossenschaftlichen Betrieben praktisch mitzuarbeiten. Solche Mitarbeit erprobt am sichersten, ob die nötige Eignung vorhanden ist, um an genossenschaftlicher Siedlungsarbeit weiter

---

330 In dem 1915 in den Edener Mitteilungen veröffentlichten Artikel zur Fortbildungsfrage wird die alte Generation in geradezu herablassender Weise als defizitär stilisiert und alle Hoffnung auf die Jungen gesetzt: „Und es ist nicht zweifelhaft, daß von denen, die jetzt auf ihre alten Tage neben- oder gar hauptberuflich ländliche Ansiedler werden wollen, nur verhältnismäßig sehr wenige diese Prüfung gut bestehen werden. – Die Kriegsgeschädigten sollen bei diesen Erwägungen ganz außer Spiel bleiben! – Wir dürfen diesen ungelernten Alten und Aelteren nur raten: Bleibt, wo ihr seid. Aber anders steht es mit euren Kindern, die sich zum ersten Mal nach einer passenden Berufsarbeit umsehen" (BLOECK, Richard: Anforderungen. In: Edener Mitteilungen. 10[1915], S. 50).

331 Der Terminus erscheint zuerst in dem Aufsatz „Gedanken zur Fortbildung der Edener Jugend" (in: Edener Mitteilungen. 6[1911], S. 38). – weiter heißt es dort: „An uns Alten ist nicht mehr viel zu verbessern, wir müssen verbraucht werden, wie wir sind. Aber unserer Jugend müssen wir Liebe zur Scholle einflößen. Wir müssen sie bewußt dahin erziehen, daß sie Neigung zum Obstbau bekommt, daß sie Eden als Arbeitsstätte erkennen und schätzen lernt, daß sie den Beruf als selbsttätiger Landbebauer als etwas Wertvolles und Erstrebenswertes hält" (ebda.).

332 BLOECK, Richard: Anforderungen. In: Edener Mitteilungen. 10(1915), S. 48.

333 Vgl. DITTMANN: Ein kleiner Beitrag zur Fortbildungsfrage. In: Edener Mitteilungen. 2(1907), S. 4 f.

334 Gedanken zur Fortbildung der Edener Jugend. In: Edener Mitteilungen. 6(1911), S. 38.

335 Vgl. JACKISCH, Otto: Genossenschafts-Siedlung und -Siedler! In: Edener Mitteilungen. 10(1915), S. 43.

mit Erfolg und Befriedigung teilzunehmen; zugleich ist sie eine zweckmäßige Einführung in den Siedlerberuf.
Bei den Mädchen wird besonderer Wert auf hauswirtschaftliche Betätigung und Unterweisung gelegt.[336]

Die Lehrlinge Siedelgarts waren in einem Familienheim untergebracht und lebten und arbeiteten zusammen. Ihre Ausbildungszeit war auf mindestens ein Jahr festgelegt und unterlag saisonal spezifischen Inhalten. Im Winter fanden Lehrgänge für landwirtschaftliches Wissen, Rechnungswesen und Siedlungskunde sowie Unterweisungen in naturwissenschaftlichen und volkswirtschaftlichen Fächern statt, während im Sommer die Belehrung nur bei der Gartenarbeit erfolgte.[337] Eine Heim- und Arbeitsordnung regelte den Aufenthalt der Lehrlinge in Eden. Nach Beendigung der Ausbildungszeit war eine Übernahme in den genossenschaftlichen Betrieb angestrebt. Wie viele Jugendliche Siedelgart besuchten, lässt sich mit Gewissheit nicht mehr bestimmen. 1916 wurden 12 Jugendliche unterwiesen.[338] Die letzte Bemerkung über noch offene Kapazitäten stammt aus dem Jahre 1920.[339] Kurze Zeit später berichtet das Genossenschaftsblatt, dass Siedelgart ab Frühjahr 1921 keine jungen Leute aufnehmen werde, ohne Gründe zu nennen.[340] Stattdessen wird auf Ausbildungsmöglichkeiten in der neuerworbenen, etwa sieben Kilometer westlich von Eden gelegenen Schwestersiedlung Bärenklau hingewiesen,[341] Siedelgart aber taucht in späteren Berichten nicht mehr auf.

Siedelgart war die bekannteste, aber nicht die einzige und auch nicht die erste Edener Ausbildungsstätte. Auf privater Basis hat es noch mindestens zwei für die weibliche Jugend bestimmte Anstalten gegeben. Bereits 1897 kündigte die „Vegetarische Warte“ für den 1. Mai 1898 die Gründung einer Haushaltsschule für vegetarische Mädchen an. Deren Leiterin, Anna Dorsch, wollte darin jungen Mädchen die Gelegenheit bieten, „den Obstbau sowie die Blumenpflege praktisch ausüben zu ler-

336 Lehrstätte für ländlich-genossenschaftliches Siedeln „Siedelgart“ der Obstbaukolonie Eden bei Oranienburg (Mark). Oranienburg 1915. (Es handelt sich um eine Beilage zu Nr. 3 der Edener Mitteilungen. 10[1915] ohne Seitenangaben).

337 Vgl. ebda.

338 Vgl. JACKISCH, Otto: „Siedelgart“. In: Edener Mitteilungen. 11(1916), S. 82. – Der Bericht über die Mitgliederbewegung in den Edener Mitteilungen weist für Oktober 1918 acht Lehrlinge, Helfer und Gäste aus (vgl. Vorstand der Obstbausiedelung Eden e.G.m.b.H.: Geschäftsbericht für 1918. In: Edener Mitteilungen. 14[1919], S. 15).

339 Vgl. JACKISCH, Otto: Edener Siedelungs-Bericht. In: Edener Mitteilungen. 15(1920), S. 2.

340 Vgl. JACKISCH, Otto: Edener Siedelungs-Bericht, Neusiedlung Bärenklau. In: Edener Mitteilungen. 15(1920), S. 31. – Zu Konzept und Realisierung der Reformsiedlung Bärenklau vgl. ausführlicher SCHARENBERG: Zurück zur Scholle, S. 24-27.

341 Vgl. ebda.

nen."[342] Statt mit „unnützem Wissenskram und vielen Tändeleien" sollte die Erziehung Edener Töchter „zu tüchtigen Frauen und Müttern" im Vordergrund stehen. Die Schule für Haushaltung und Gartenbau, die an eine Fremdenpension gekoppelt war, konnte als Vorbereitung für eine anschließende Gärtnerinnen-Ausbildung dienen, wandte sich aber vornehmlich an solche jungen Mädchen, die „ihren Platz in der Familie, sei es als Hausfrau oder Mutter, sei es als Sorgende für das Wohl Fremder"[343] finden sollten.

Eine weitere Lehrstätte gründete Anna Jackisch 1926 in Eden. Ihr Ziel war es, „der nach sittlichen Wegen suchenden weiblichen Jugend eine Stätte zu bieten, wo ihr Gelegenheit gegeben ist, Grundlagen für ihr späteres Berufsleben und für den Hausfrauen-Beruf zu erwerben."[344] Die Lehrgegenstände unterschieden sich kaum von denen der ein Vierteljahrhundert früher betriebenen Anstalt. Anna Jackisch legte großen Wert auf gesinnungsstiftenden Unterricht nach vegetarischen Maximen. Für ihre Schule gab sie folgende Richtlinien aus:

Unsere Lebensanschauung und Lebensweise beruht auf Folgendem:

1) Ethische, sittliche Motive (frei vom Tier).
2) Volkswirtschaftliche: kein Geld für Genußmittel, sowie für Nahrungsmittel, die wir im Lande haben, ins Ausland geben.
3) Ernährung nach ernährungs-wissenschaftlichen Forschungsergebnissen (Ragnar Berg u.a.)
4) Rationell, zeitsparend, keine Küchensklaverei zu Gunsten eines Gaumenkitzels.
5) Keine Zeitverschwendung mit trockener Theorie, sondern praktischer Anschauungsunterricht in Verbindung mit Theorie: „Arbeitsschule".
6) Viehdung- und giftfreie Aufzucht von Obst und Gemüse und deren einwandfreie Nutzbarmachung für das ganze Jahr.
7) Hand in Hand mit richtiger Ernährung und Gartenarbeit geht eine systematische Körper- und Gesundheitspflege.
8) Geistespflege auf neugeistiger Grundlage, auf welcher alle Konfessionen mit ihren sittlichen Zielen sich finden können.

---

342 SCHIRRMEISTER: Haushaltungsschule für vegetarische Mädchen. In: Vegetarische Warte. 3(1897), S. 311. – Über die Inhalte der Ausbildung heißt es weiter: „Von der Pflanzung und Veredelung der Bäume und Sträucher ausgehend, soll weiter die Verwertung der gewonnenen Samen und Früchte zu getrocknetem, eingesottenem Dauerobst, Mus, Saft u.s.w. gezeigt werden; daran anschliessend wird auch praktische Unterweisung in der fleischlosen Küche sowie vegetarischen Haushaltung folgen" (ebda.).

343 DORSCH: Schule für Haushaltung und Gartenbau. In: Vegetarische Warte. 4(1898), S. 92.

344 JACKISCH, Anna: Edener Lehrstätte in Obstbau-Siedlung EDEN bei Oranienburg (Mark). (Broschüre ohne Seitenangaben).

„Neugeist ist Praxis, er will allen Menschen helfen, richtig zu denken und richtig zu leben, einerlei welcher konfessionellen oder philosophischen Richtung sie angehören." (Auszug von K. Schmidt.)[345]

Spätestens an dieser Stelle ist es angebracht, auf einen bislang noch unberücksichtigten Punkt des Edener Erziehungswesens einzugehen. Im Bereich der Fortbildungsbestrebungen findet man die deutlichsten Merkmale geschlechtsspezifischer Sozialisation in Eden. Die zuletzt gebrachten Zitate sind, wie man merkt, ganz im Sinne eines traditionellen Rollenverständnisses abgefasst, das der Frau ihren Platz im häuslichen Bereich zuweist. Tatsächlich war vom Einfluss der Frauenbewegung, die ansonsten dem Kanon der Reformbewegungen angeschlossen war,[346] in Eden nicht viel zu spüren. „Im Gegensatz zu anderen ... alternativen Landkommunen orientierte sich das Familienleben in Eden ganz überwiegend an den traditionalen kleinbürgerlichen Glücksidealen"[347], konstatiert auch Christian Böttger in seiner Untersuchung zur sozialnormierenden Funktion der Familie in Eden. An diesem Leitbild orientierten sich auch die Erziehungsvorstellungen der Edener. „Was soll aus unseren Jungen, was aus unseren Mädchen werden?" fragt die Schriftleitung der Edener Mitteilungen in einem Beitrag 1911 und zögert nicht zu behaupten: „Die Frage nach dem Berufe der Mädchen beantwortet sich sehr leicht: Tüchtige Hausfrauen und gesunde Mütter sollen sie werden und fähig, die gesunden Kinder recht zu erziehen."[348] Nur bei den Jungen wird weitergedacht; für sie werden erweiterte Bildungschancen eingefordert und für eine interessegeleitete Berufswahl plädiert.[349] Während

---

345 Ebda.

346 Vgl. Elisabeth Meyer-Renschhausens Beitrag zur Frauenbewegung als Reformbewegung in KERBS, REULECKE (Hg.): Handbuch der deutschen Reformbewegungen, S. 167-179.

347 BÖTTGER: „Eden" und „Falkenberg", S. 149. – Obwohl ein traditional konservatives Geschlechterverhältnis in Eden empirisch vorherrschte, warnt Böttger vor Pauschalisierung und weist auf den in Eden aktiven Lebensreformer Dr. Friedrich Landmann hin, der 1920 für eine Ehereform, d.h. gegen die Unterjochung der Frau und für ihre wirtschaftliche Selbständigkeit plädierte (vgl. BÖTTGER: „Eden" und „Falkenberg", S. 132 f.). – Dass Landmann offenbar vom klassischen Rollenverständnis trotzdem nicht weit entfernt gewesen ist, geht aus einem Artikel der Edener Mitteilungen hervor, in dem er sich zu Erziehungsfragen (Eröffnung von „Siedelgart") äußert. Landmann schreibt: „Buben und Mädel sind in der Kolonie in gleicher Weise willkommen; denn auch die letzteren sollen so gründlich für die Tätigkeit in Haus und Heimstätte unterwiesen werden, daß sie später in einer Siedlerfamilie als Hausfrau und Mutter ihren Platz ausfüllen können, daß sie es vor allem nicht mehr nötig haben, auf den Mann zu warten, der sie erlöst und versorgt, sondern sich auch auf die eigenen Füße stellen können" (LANDMANN: Eine Siedelungsschule. In: Edener Mitteilungen. 10[1915], S. 47).

348 Beide Zitate: Gedanken zur Fortbildung der Edener Jugend. In: Edener Mitteilungen. 6(1911), S. 37.

349 Nach der gerade zitierten Sequenz kommt die Rede auf die Jungen: „Aber unsere Jungen! Zeigt ein Junge besondere Begabung für einen Beruf, so versuche man nicht, ihn umzu-

ihnen eine Berufsausbildung empfohlen wird, wird den Mädchen pauschal die Hausfrauenrolle zugewiesen: „Sie lernen Einkochen und Schneidern und Krankenpflege – ganz allgemein: sich sozial betätigen, dazu können Kinderheim und Kindergarten dienen."[350]

5.6 Erziehung in der Familie

Bis hierher hat die vorliegende Studie fast ausschließlich den öffentlich-institutionalisierten Bereich des Edener Erziehungswesens berücksichtigt. Sicher ist aber auch von Interesse, wie sich das Erziehungsgeschehen in den Edener Familien gestaltet hat. Eine Untersuchung dieses Gegenstandes unterliegt aber der Schwierigkeit, dass für den betrachteten Zeitraum nur wenige Quellen zur Verfügung stehen. Bisher konnte auf die zahlreichen schriftlichen Quellen zur Siedlungsgeschichte zurückgegriffen werden, diese geben aber wenig Auskunft über die familiäre Welt der Edener. Deshalb ist in diesem Fall die Arbeit von Christian Böttger besonders hilfreich. Böttger nimmt darin eine genaue Untersuchung des privaten Lebens in Eden vor, wobei ihm auch Interviews mit Zeitzeugen als Datengrundlage dienen.[351] Die Ergebnisse seiner Arbeit geben einen Überblick über „Familienleben und Kindheit in der Obstbausiedlung."[352]

Trotz der sozialreformerischen Bemühungen im öffentlichen Leben Edens war die Siedlung ein Ort, an dem Privatheit gewahrt und als wertvolles Gut angesehen wurde. „Nicht zufällig wurden in Eden im Prinzip nur Einfamilienhäuser gebaut. Hierin offenbart sich von Anfang an die Absicht, ... eine auf das bürgerliche Ideal eines intakten und geschlossenen Familienlebens abzielende Lebensweise zu fördern."[353] Die traditionelle Familienstruktur dominierte in der Kolonie.[354] Häufig entsprang das Motiv hier zu siedeln dem Wunsch, die eigenen Kinder in einer gesunden Umwelt aufwachsen zu lassen. Als Beleg für die kinderfreundliche Ge-

---

stimmen zugunsten einer andern Tätigkeit. Aber wir halten es für richtiger, er arbeitet noch ein Jahr an seiner Allgemeinbildung und tritt erst dann in die Lehre. Bei uns zwingt doch niemanden die Not, sein Kind so rasch wie möglich fortzugeben" (ebda.).

350 Ebda., S. 39.

351 Böttger interviewte in Eden im Herbst 1989 fünf zwischen 1902 und 1913 geborene Edener (vgl. BÖTTGER: „Eden" und „Falkenberg", S. 250 f.).

352 So auch der Titel eines Kapitels seiner Arbeit (vgl. BÖTTGER: „Eden und „Falkenberg", S. 132-163).

353 BÖTTGER: Eden und Falkenberg, S. 66.

354 Ende 1910 existierten 68 Familien- und 24 Einzelhaushalte, bei einer Gesamtbevölkerung von 334 Personen (vgl. Jahresbericht für 1910. In: Edener Mitteilungen. 6[1911], S. 22).

sinnung in Eden kann auch die überdurchschnittlich hohe Kinderzahl in den Familien gelten. Familien mit sechs und mehr Kindern waren keine Seltenheit.[355] Auf dem Gebiet der Säuglingspflege konnte Eden sogar mit besonderen Erfolgen aufwarten. Da die Edener Mütter ihre Kinder grundsätzlich stillten und eine gesunde Lebensweise vorherrschte, hatte die Kolonie nach 20jährigem Durchschnitt mit 3,8 Prozent Säuglingssterblichkeit diesbezüglich den geringsten Wert aller deutschen Gemeinden.[356] Schon die Nachbargemeinde Germendorf lag mit 18,6 Prozent Säuglingssterblichkeit im Reichsdurchnitt.

Das Familienleben entsprach weitgehend dem des agrarisch-bäuerlichen Milieus. Das spiegelte sich auch in der Alltagswelt der Kinder wider. Viele halfen am Nachmittag ihren Eltern bei der Bewirtschaftung der Heimstätten oder gegen Bezahlung im Genossenschaftsbetrieb. In den Ernteperioden war ein Arbeitstag von bis zu 10 Stunden üblich.[357] Die Kindheit in Eden wird aber im Allgemeinen als eine glückliche Zeit erinnert. Das Leben in der Siedlung bot genug Möglichkeiten zur Freizeitgestaltung und das Image Edens als „Kinderparadies“ wird im allgemeinen bestätigt. Für viel Bewegung an der frischen Luft und ungehindertes Spiel im Freien bot das dörfliche Umfeld der Siedlung optimale Bedingungen. Edener Kinder erkannte man an ihrer einfachen, selbstgeschneiderten Kleidung und den typischen Riemensandalen. Wegen ihrer Kleidung und der vegetarischen Ernährungsweise sollen sie indessen häufiger den Spötteleien der Oranienburger Kinder ausgesetzt gewesen sein.[358]

Reformpädagogisch beeinflusste Erziehungsmethoden, wie sie das Schul- und Vorschulwesen aufwies, setzten sich offenbar in vielen Familien fort. Auf ein enges kooperatives Verhältnis zwischen Schule und Elternhaus wurde Wert gelegt.[359] Kohnert, der in Eden die Tradition regelmäßiger Elternabende begründete und selbst Vater zweier Söhne war, formulierte diese gemeinsame Aufgabe so: „Wir wollen ... unsere Kinder befreien von der Schulmisere, die wir haben durchkosten müssen, wollen sie erziehen zu freien, sittlichen Menschen, die von vornherein bewußt nach Veredelung der Lebensführung streben. Zu dem Zwecke müssen wir

355 Zudem nahmen etliche Familien, selbst wenn bereits für eigenen Nachwuchs gesorgt war, noch Kinder von außerhalb der Kolonie auf (vgl. BÖTTGER: „Eden“ und „Falkenberg“, S. 135).

356 Vgl. EBERDING: 35 Jahre Eden. In: Biologische Heilkunst. 9(1928), Sonderabdruck ohne Seitenangaben und BÖTTGER: „Eden“ und „Falkenberg“, S. 139.

357 Vgl. BÖTTGER: „Eden“ und „Falkenberg“, S. 144.

358 Vgl. ebda., S. 147.

359 Vgl. KOHNERT: Aufgabe der Schule im Wirken für die ländliche Siedlung. In: Edener Mitteilungen. 8(1913), S. 4-7 und Landmann: Eden als Stätte der Lebenserneuerung. In: Die Obstbausiedelung Eden in den ersten 25 Jahren ihres Bestehens, S. 23.

Eltern uns selbst klar werden über die Grundsätze solcher Erziehung. Und dazu werden uns die folgenden Zusammenkünfte verhelfen. Es wird daraus erkannt werden, daß die Elternschaft Edens bemüht ist, sich Erkenntnis auf dem Erziehungsgebiete zu verschaffen, und diese Erkenntnis praktisch erproben zu lassen, damit ein einmütiges Arbeiten in Schule und Haus stattfindet."[360]

---

360 KOHNERT: Die Schule der Kolonie Eden. In: Edener Mitteilungen. 5(1910), S. 7.

Zusammenfassung und Fazit

Grundsätzlich war die Obstbausiedlung Eden schon dahingehend pädagogisch angelegt, dass durch ihr Beispiel eine allgemeine Verbesserung der morbiden Außengesellschaft bewirkt werden sollte. Dem entsprach der in der Satzung veranschlagte individuelle Auftrag, „daß jeder Eintretende sich in beständiger Selbsterziehung einer veredelten Lebensführung befleißigt und die Grundsätze naturgemäßer Lebensweise zu befolgen bestrebt ist.“[361] In enger Verbindung mit den Zielen der Kolonie als Ganzem spielte die Erziehung des Edener Nachwuchses im privaten und öffentlichen Leben der Siedlung eine außerordentlich große Rolle. Es wird ersichtlich geworden sein, dass Eden Erziehung und Bildung auf eigene Art institutionalisierte und im Vergleich zum Regelschulwesen Alternativen einschlug.

Dass die Reformkolonie Eden dabei eine Affinität zur Jugendbewegung und Reformpädagogik aufwies, ist nicht erstaunlich. Lehrer wie Walter Dittmann, Otto Kohnert, Kati Lotz oder Reinhold Brinkmann traten bereits mit entsprechenden Erziehungsvorstellungen in ihr Edener Amt. Sie gaben der Schule den typischen Charakter einer Reformschule, auch wenn Eden nie ein Landerziehungsheim oder eine anerkannte Versuchsschule besaß. Edens Erzieher forderten und praktizierten Reformpädagogik nach den Prinzipien von Gemeinschaftserziehung und Selbsttätigkeit, in der Präferenz der Arbeitsschulmethode oder in den Aktivitäten des Wandervogels. Erinnert sei auch an Kohnerts Bemühungen um einen eigenen Lehrplan und die zahlreichen Kontakte zu Reformpädagogen, die er und andere Edener Lehrkräfte knüpfen konnten.

Der alternativen Ausrichtung nach außen entsprach im Binnenbereich der Kolonie eine Erziehung zu Konformität mit den lebensreformerischen Idealen. Der älteren Generation ging es in erster Linie darum, Edens Kinder zur Übernahme des genossenschaftlichen Erbes zu bewegen und den Nachwuchs „bei sich zu behalten“. An dieses Ziel, eine „Erziehung zum Kolonisten“, waren unter Einbezug des Elternhauses vom Kindergarten über die Schule bis zur Fortbildungseinrichtung sämtliche Erziehungsinstitutionen gebunden. Darüber, dass die Bemühungen nicht ohne Erfolg gewesen sind, konnte man 1924 in den Edener Mitteilungen lesen: „Die

361 Auszug aus Punkt 3 der Edener Satzung. In: Satzungen der Obstbau-Kolonie „Eden“, S. 2.

Jugend ist wohl fast durchweg reformerisch und wird die Aufgaben der Eltern zur Durchführung bringen können."[362]

Gleichwohl war Eden nur in sekundärer Hinsicht der Kinder- und Jugenderziehung verpflichtet. Die Gründung der Obstbaukolonie 1893 folgte nicht denselben pädagogischen Intentionen, wie etwa die Landerziehungsheime oder einige erziehungsutopische Siedlungsprojekte der Zeit. Als in Eden eine Schule gegründet und damit die Kindererziehung zum öffentlichen Thema wurde, bestand die Kolonie bereits seit vier Jahren. Man kann auch sagen, dass erst die Erfahrungen des Siedlungsgeschehens der Erziehung ihre Richtung gaben. Die Edener Erziehungsvorstellungen folgten gewissermaßen einer Theorie der Praxis und die Einsicht in die Zwänge dieser Praxis hatte auch Ernüchterung gezeitigt. Man war eben doch mehr Obstbauer als Prophet; und wer auch seine Kinder zu Obstbauern erziehen wollte, musste sich vergegenwärtigen, was das bedeutete: „Dieser Beruf mag manchem (auch unter uns) nicht hoch genug erscheinen. Aber wir sind der Meinung, daß dieser Beruf nicht nur einen ganzen Mann erfordert und ernährt, sondern für noch notwendiger halten wir, daß ein kleiner Kreis Menschen anfängt, nicht äußeren Ehren nachzujagen und den Beruf nicht einzuschätzen nach dem, was er an Geld oder Ehre einbringt, sondern seinen Sinn richtet auf Heranbildung eines gesunden Körpers und eines Geistes frei von der Schablone."[363]

Der vorfindbare Erziehungsansatz ist möglicherweise deshalb weniger visionär und utopisch als man hätte vermuten können, weil er schon auf den praktischen Erfahrungen der Edener Siedlungspioniere fußte. Vor allem anderen ging es bei der Erziehung des Nachwuchses um Weitergabe und Verbesserung des Erreichten, weniger um die Schöpfung von etwas grundsätzlich Neuem. Direkte Hinweise darauf, dass in Eden eine Elite neuer Menschen heranwachsen sollte, findet man daher nur in sehr abgeschwächter Form.[364] Dass man sich doch mit solchen, gewissermaßen milieuspezifischen Vorstellungen auseinandersetzte, verdeutlicht ein Aufsatz des Edener Schriftstellers Oskar Mummert, der 1931 in den Edener Mitteilungen das Thema öffentlich zur Debatte stellte. Mummert fragt: „Haben wir Edener, gegenüber den Umweltbewohnern, etwas besonderes für uns, sodaß wir eine besondere Art der Erziehung für uns beanspruchen dürfen? ... Sollten wir unsere Kinder möglichst lange fern halten

---

362 HAMPKE: Ergänzungsbericht für die „Edener Denkschrift". In: Edener Mitteilungen. 19(1924), S. 25.

363 Gedanken zur Fortbildungsfrage. In: Edener Mitteilungen. 6(1911), S. 38.

364 Der Aufruf zur Gründung des Vegetarischen Kinderheimes suggeriert meines Erachtens noch am eindringlichsten, dass der „Neue Mensch" aus Eden ein Vegetarier sein werde (s. Kapitel 5.4).

von der anders gearteten Welt um uns?“[365] In seinen Ausführungen zur „rechten Edener Erziehung“ wendet sich Mummert dann entschieden gegen jede Art sektiererischer Bestrebungen, wie man sie aus der Bohèmezeit der Lebensreformbewegung zur Genüge kennen gelernt hätte. Tatsächlich war es für Sektierer und Propheten in Eden ab einem bestimmten Zeitpunkt nicht einfach, Fuß zu fassen. Als Theodor Haeusser in den zwanziger Jahren des letzten Jahrhunderts den besonderen Ort Eden als „Hauptquartier der Armee der Wahrheit“[366] auserkor und sich in der Genossenschaft als Messias ausgab, traf er zwar auf einige Anhänger, hatte aber gegen eine besonnene Genossenschaftsverwaltung anzutreten, die ihn nach herber Auseinandersetzung der Siedlung verwies.[367] Ihr Realitätsbezug hat den Edenern bisweilen den Unmut der übrigen Reformerschaft beschert. Auf der anderen Seite ließ gerade die Mäßigung der utopischen Wünsche und Ansprüche Eden zu einem gelungenen genossenschaftlichen Modellprojekt werden, dem ein langer Bestand beschieden sein sollte.

Abb. 10: „Erziehung zum Kolonisten“ im Kinderheim

365 MUMMERT: Die rechte Edener Erziehung. In: Edener Mitteilungen. 26(1931), S. 164 f.

366 Aus einem Brief Häussers an Friedrich Kiel vom 18.05.1922; zit. nach LINSE: Zurück o Mensch zur Mutter Erde, S. 55.

367 Vgl. zum Vorgang um Theodor Häussers Auftritt in Eden LINSE: Zurück o Mensch zur Mutter Erde, S. 55-57.

Quellen- und Literaturverzeichnis

Quellen

Archivbestände

Brandenburgisches Landeshauptarchiv in Potsdam

BLHA, Rep. 2A Regierung Potsdam II N Nr. 544: Acta betreffend die Einrichtung der Schule und die Besetzung der Lehrerstellen in der Kolonie Eden (1904-1938).

BLHA, Rep. 43 Eberswalde Nr. 151: Eden – Gemeinnützige Obstbausiedlung e.G.m.b.H. in Oranienburg-Eden 1936-193.

BLHA, Rep. 2A Regierung Potsdam II N Sonderakte Nr. 545: Schulau der Obstbausiedlung Eden/Oranienburg.

Stadtarchiv Oranienburg

St.-A. Oranienburg, Rep. 8 Nr. 2435. Acta des Magistrats zu Oranienburg betreffend Schulsachen Eden (1897-1901).

St.-A. Oranienburg, Rep. 8 Nr. 2479. Acta des Magistrats zu Oranienburg betreffend Anstellung des Lehrers Kurt Lindner Eden (1916-1936).

St.-A. Oranienburg, Rep. 8 Nr. 2555: Acta des Magistrats zu Oranienburg betreffend die einklassige Volksschule in der Obstbaukolonie „Eden" (1899-1933).

St.-A. Oranienburg, Rep 8 Nr. 2554: REGENER, Rolf: Zur Geschichte der Edener Schule. (Manuskript) Eden 1948.

Bibliothek für Bildungsgeschichtliche Forschung Berlin

DIPF/ BBF / Archiv: NL 7/OT, Mappe 100.

DIPF/ BBF/ Archiv: Personalblatt Wilhelm Wetekamp. In: Personalblattsammlung der Lehrer an höheren Schulen Preußens. Nr. 53.

Archiv der Obstbausiedlung Eden

Edener Mitteilungen. Jg. 1(1906), 2(1907), 4(1909), 5(1910) bis 11(1916), 13(1918)-16(1921), 21(1926), 23(1928), 25(1930), 26(1931); ab 1932: Eden. Monatsschrift mit Bildern. Jg. 27(1932) bis 30(1935).

Informationsblatt „Kinderheime in Eden"

Zeitgenössische Quellen

Achter Internationaler Vegetarier-Kongreß. In: Eden. Monatsschrift mit Bildern. 27(1932), S. 169-184.

Adolf Hitler – strenger Vegetarier. In: Eden. Monatsschrift mit Bildern. 28(1933), S. 57.

BARTES, Karl: Das neue Edener Genossenschaftshaus. In: Edener Mitteilungen. 26(1931), S. 5-9.
BARTES, Karl: Das Edener Frühlingsfest. In: Edener Mitteilungen. 26(1931), S. 95 f.
BARTES, Karl: EDEN. In: Kalender 1932 für den Kreis Niederbarnim. Herausgegeben von Walter Möller. Oranienburg o. J. [1932], S. 50-53.
Bericht über die 36. ordentliche Hauptversammlung der Gemeinnützigen Obstbau-Siedelung Eden e.G.m.b.H. zu Oranienburg-Eden. In: Edener Mitteilungen. 25(1930), S. 12.
BLOECK, Richard: Was ist denn nun Eden eigentlich? In: Edener Mitteilungen. 5(1910), S. 3-4.
BLOECK, Richard; LIMPER, Bernhard; JACKISCH, Otto: Edener vegetarisches Kinderheim. In: Edener Mitteilungen. 5(1910), S. 10.
BLOECK, Richard: Anforderungen. In: Edener Mitteilungen. 10(1915), S. 47-55.
BLOECK, Richard; LIMPER, Bernhard; JACKISCH, Otto: Das Edener Vegetarische Kinderheim. In: Edener Mitteilungen. 5(1910), S. 21-22.
BLOECK, Roland: Die Geschichte Edens nach 1945. In: Edener Mitteilungen. Nr. 5/1993, S. 22-24.
BLÜCHER: Eden. (Von Pfingsten bis Erntings Beginn.) In: Märkischer Fahrtenspiegel. Gaublatt der brandenburgischen Wandervögel. 3(1912), S. 159.
Van BORRENDAM, C.J.: Die Ethik der Liebe zu allem Lebenden. In: Eden. Monatsschrift mit Bildern. 27(1932), S. 194.
BÜCHELER, A.; JACKISCH, Otto; BLOECK, Richard: Was brachte der 1. Edener Freilandsiedlungstag? In: Edener Mitteilungen. 11(1916), S. 49-56.
BRINKMANN, Reinhold: Unsere Schule. In: Edener Mitteilungen. 21(1926). Oktoberheft, S. 12-16.
DAMASCHKE, Adolf: Was Eden über Eden hinaus lehrt. In Edener Mitteilungen. 28(1933), S. 138-140.
Das vegetarische Kinderheim in Eden. In: Edener Mitteilungen. 16 (1921), S. 12 f.
Der Führer. In: Eden. Monatsschrift mit Bildern. 30(1935), S. 9.
Die Edener Wandervögel: Heil allen Wandervögeln unserer Mark! In: Märkischer Fahrtenspiegel 1913, S. 114.
Die Obstbau-Kolonie Eden bei Oranienburg (Berlin) als ein Beispiel erfolgreicher genossenschaftlicher Innenkolonisation begründet auf gemeinsamen Bodenbesitz und Reformen in der persönlichen wie gesellschaftlichen Wirtschaft. Eden 1910.
Die Obstbausiedelung Eden eingetragene Genossenschaft mbH in Oranienburg in den ersten 25 Jahren ihres Bestehens. Herausgegeben vom Vorstand. Oranienburg in der Mark 1920.
DITTMANN, Walter: Ein kleiner Beitrag zur Fortbildungsfrage. In: Edener Mitteilungen. 2(1907), S. 4 f.
DORSCH, Anna: Schule für Haushaltung und Gartenbau. In: Vegetarische Warte. 4(1898), S. 92.
EBERDING, Walter: 35 Jahre Obstbau-Siedlung Eden. In: Biologische Heilkunst. 9(1928). (Sonderabdruck ohne Seitenangaben).

Edener vegetarisches Kinderheim. Stiftungen. In: Edener Mitteilungen. 21(1926), S. 11 f.
Edener Vierteljahresbericht. In: Edener Mitteilungen. 6(1911), S. 51-58.
Eden im deutschen Krieg 1914. In: Edener Mitteilungen. 9(1914), S. 54-59.
Erziehung der Jugend zur Arbeit. In: Edener Mitteilungen. 8(1913), S. 50-53.
Gedanken zur Fortbildung der Edener Jugend. In: Edener Mitteilungen. 6(1911), S. 37-39.
Geschäftsbericht für 1918. In: Edener Mitteilungen. 14(1919), S. 9-19.
HAMPKE, Fritz: Ergänzungsbericht für die „Edener Denkschrift". In: Edener Mitteilungen. 19(1924), S. 22-25.
HAMPKE, Fritz: Eden und der Nationalsozialismus. In: Eden. Monatsschrift mit Bildern. 28(1933), S. 128-130.
HAMPKE, Fritz; WILLKOMMEN, Otto; DEANIELZICK, Gustav u.a.: Gleichschaltung. In: Eden. Monatsschrift mit Bildern. 28(1933), S. 97 f.
JACKISCH, Anna: Edener Lehrstätte in Obstbau-Siedlung EDEN bei Oranienburg (Mark). (Broschüre ohne Seitenangaben).
JACKISCH, Otto: Zur Einführung des Erbbaurechtes an Stelle des Erbpachtverhältnisses in „Eden". In: Edener Mitteilungen. 1(1906), S. 2-9.
JACKISCH, Otto: Vierteljahresbericht. In: Edener Mitteilungen. 4(1909), S. 2-4.
JACKISCH, Otto: Aufruf für das vegetarische Kinderheim. In: Edener Mitteilungen. 4(1909), S. 19-24.
JACKISCH, Otto; BLOECK, Richard; LIMPER, Bernhard: Kinderheim-Bericht I. In: Edener Mitteilungen. 4(1909), S. 38.
JACKISCH, Otto: Bericht über die Edener Stiftungen. In: Edener Mitteilungen. 6(1911), S. 25 f.
JACKISCH, Otto: Von der Edener Schule. In: Edener Mitteilungen. 9(1914), S. 4-7.
JACKISCH, Otto: Genossenschafts-Siedlung und -Siedler! In: Edener Mitteilungen. 10(1915), S. 41-43.
[JACKISCH, Otto]: „Siedelgart". In: Edener Mitteilungen. 11(1916), S. 82.
JACKISCH, Otto: Die ersten „25" Jahre. In: Edener Mitteilungen. 13(1918), S.19 f.
JACKISCH, Otto: Edener Siedelungs-Bericht. In: Edener Mitteilungen. 15(1920), S. 2.
JACKISCH, Otto: Edener Siedelungsbericht, Neusiedlung Bärenklau. In: Edener Mitteilungen. 15(1920), S. 30-32.
JACKISCH, Otto: Lebensreform und Siedelung. In: Edener Mitteilungen. 23(1928), S. 9-14.
JACKISCH, Otto: Die Bedeutung der ländlichen Siedelung. In: Kalender 1929 für den Kreis Niederbarnim, S. 67-70.
JACKISCH, Otto: „Die Siedlung Eden" (1929). – Neu abgedruckt in: Edener Mitteilungen. Nr. 5/1993, S. 15-18.
J.-B.: Wanderfahrt an die Ostsee. In: Edener Mitteilungen. 7(1912), S. 34-37.
Jahresbericht des Edener vegetarischen Kinderheims. In: Edener Mitteilungen. 6(1911), S. 33.
Jahresbericht für 1910. In: Edener Mitteilungen. 6(1911), S. 17-27.

KOHNERT, Otto: Wanderfahrt der Edener Schule nach Rügen. In: Edener Mitteilungen. 4(1909), S. 33-37.

KOHNERT, Otto: Die Schule der Kolonie Eden. In: Edener Mitteilungen. 5(1910), S. 6-9.

KOHNERT, Otto: Edener Wandervögel in Mecklenburg und Brandenburg. In: Edener Mitteilungen. 5(1910), S. 29-33.

KOHNERT, Otto u.a.: Aus dem Edener Jugendwerk. In: Edener Mitteilungen. 7(1912), S. 29-38.

KOHNERT, Otto: Aufgabe der Schule im Wirken für die ländliche Siedlung. In: Edener Mitteilungen. 8(1913), S. 4-7.

KOHNERT, Otto: Tagebuchblätter aus unserer Schule. In Edener Mitteilungen. 8(1913), S. 41-43.

KOHNERT, Otto. – Sein Nachruf. In: Edener Mitteilungen. 11(1916), S. 42.

Magistrat der Stadt Oranienburg (Hg.): Bericht über den Stand und die Verwaltung der Gemeinde-Angelegenheiten in der Stadt Oranienburg pro 1895/96, 1896/97 und 1897/98. Oranienburg 1899.

Landheime. In: Märkischer Fahrtenspiegel. Gaublatt der brandenburgischen Wandervögel. 4(1913), S. 114.

LANDMANN, Friedrich: Die Edener Wertmesse. In: Edener Mitteilungen. 9 (1914), S. 41-45.

LANDMANN, Friedrich: Eine Siedelungsschule. In: Edener Mitteilungen. 10(1915), S. 43-47.

LANDMANN, Friedrich: Eden als Stätte der Lebenserneuerung. In: Die Obstbausiedelung Eden eingetragene Genossenschaft mbH in Oranienburg in den ersten 25 Jahren ihres Bestehens. Herausgegeben vom Vorstand. Oranienburg in der Mark 1920, S. 28-36.

LANDMANN-KOHLER, Rosel: Die Siedlung als Kinderparadies. In: Edener Mitteilungen. 21(1926), S. 11 f.

Lehrstätte für ländlich-genossenschaftliches Siedeln „Siedelgart“ der Obstbaukolonie Eden bei Oranienburg (Mark). Oranienburg 1915. (Beilage zu Nr. 3 der Edener Mitteilungen. 10[1915], ohne Seitenangaben).

MERTES, Walter: Bericht der Edener Familienschule für das Schuljahr 1931-32. In: Eden. Monatsschrift mit Bildern. 27(1932), S. 86.

MUMMERT, Oskar: Gründung und Entwicklung Edens. (1918). Nachdruck in: Edener Mitteilungen. Nr. 5/1993, S. 8-14.

MUMMERT, Oskar: Der Edener Geist. In Edener Mitteilungen. 26(1931), S. 68 f.

OTTO, Berthold: Vorwort des Herausgebers. In: LOTZ, Kati: Aus der Erziehungsschule Friedenau. In: OTTO, Berthold (Hg.): Der Hauslehrer. Wochenschrift für den geistigen Verkehr mit Kindern. 6(1905), S. 689 f.

OTTO, Berthold (Hg.): Der Hauslehrer. Wochenschrift für den geistigen Verkehr mit Kindern. Inhaltsverzeichnisse der Jahrgänge 6(1905) und 7(1906), jeweils S. III.

Programmschrift: Vegetarische Obstbau-Kolonie „Eden“ (e.G.m.b.H.) zu Oranienburg. Ohne Jahr [1894]. – Neu abgedruckt in: Edener Mitteilungen. Nr. 5/1993, S. 5.

QUITTMANN, Gertrud: Bunter Nachmittag der Edener Mädelgruppe am 2. April 1933. In: Eden. Monatsschrift mit Bildern. 28(1933), S. 91 f.

R.: Von den Edener Wandervögeln! In: Edener Mitteilung 8(1913), S. 49 f.

Satzungen der Obstbau-Kolonie „Eden" eingetragene Genossenschaft mit beschränkt. Haftpflicht in Oranienburg (Mark) 1906.

SCHIRRMEISTER, Paul: Haushaltungsschule für vegetarische Mädchen. In: Vegetarische Warte. 3(1897), S. 311.

SCHWARZ, Elfriede: Der Edener Kindergarten. In: Edener Mitteilungen. 27(1932), S. 87 f.

Statistik 1915. In: Wandervogel. Gaublatt für Brandenburg. 7(1916), S. 44.

Dr. phil. Ernst Steeger. – Sein Nachruf. In: Edener Mitteilungen. 4(1909), S. 39.

Vom Edener vegetarischen Kinderheim! In: Edener Mitteilungen. 9(1914), S.7 f.

Vierter Ferienkursus. In: Edener Mitteilungen. 9(1914), S. 9 f.

Werner Siemens-Realgymnasium zu Schöneberg. Bericht über die Schuljahre 1903/04 und 1904/05. Schöneberg 1905.

Werner Siemens-Realgymnasium zu Schöneberg. Bericht über die Schuljahre 1908/09. Schöneberg 1909.

Literatur

Zeitgenössische Literatur

BADENHOP; SCHULTE (Hg.): Schul-Gesetze und Verordnungen. Das Volks-, Mittel- und Privatschulwesen sowie die Jugendpflege und das ländliche Fortbildungsschulwesen in Preußen. Breslau 1929.

CLAUSNITZER, E.; GRIMM, L; SACHSE, A. u.a. (Hg.): Handwörterbuch des Volksschulwesens. Leipzig und Berlin 1920.

DURKHEIM, Emile: Über soziale Arbeitsteilung. Studie über die Organisation höherer Gesellschaften. Frankfurt am Main 1992.

ENGELS, Friedrich: Die Lage der arbeitenden Klassen in England. Nach eigenen Anschauungen und authentischen Quellen. Berlin (DDR) 1964.

KAFKA, Franz: Tagebücher 1910-1923. Herausgegeben von Max BROD. Frankfurt am Main 1983.

Meyers Großes Konversations-Lexikon. Band 1. Leipzig und Wien ^{6}1907.

NYDAHL, Jens (Hg.): Das Berliner Schulwesen. Berlin 1928.

OPPENHEIMER, Franz: Großgrundeigentum und soziale Frage. In: OPPENHEIMER, Franz: Gesammelte Schriften, Bd. 1: Schriften zur Demokratie und sozialen Marktwirtschaft. Im Auftrag des Moses Mendelssohn Zentrum für europäisch-jüdische Studien, Universität Potsdam, herausgegeben von Julius SCHOEPS, Alphons SILBERMANN und Hans SÜSSMUTH. Berlin 1995.

OPPENHEIMER, Franz: Erlebtes, Erstrebtes, Erreichtes. Erinnerungen von Franz Oppenheimer. Berlin 1931.

PAULSEN, Friedrich: Das deutsche Bildungswesen. Band 1: Von den Anfängen bis zur Reichsgründung 1871. (= Aus Natur und Geisteswelt. Sammlung wissenschaftlich-gemeinverständlicher Darstellungen, Bd. 99). Leipzig und Berlin ^{6}1928.

SCHARENBERG, Wolfgang: Zurück zur Scholle. Vom Schrebergarten zum Gartenstaat. Ein Weg zur Massensiedlung. Berlin 1931.

SCHWARTZ, Hermann (Hg.): Pädagogisches Lexikon. Bd. 4. Bielefeld und Leipzig 1931.

SPRANGER, Eduard: Kultur und Erziehung. Gesammelte Pädagogische Aufsätze. Leipzig 1928.

TEWS, Johannes: Großstadtpädagogik. Vorträge, gehalten in der Humboldt-Akademie zu Berlin. (= Aus Natur und Geisteswelt. Sammlung wissenschaftlich-gemeinverständlicher Darstellungen, Bd. 327). Leipzig 1911.

TÖNNIES, Ferdinand: Gemeinschaft und Gesellschaft. Darmstadt 1979.

WETEKAMP, Wilhelm: Selbstbetätigung und Schaffensfreude in Erziehung und Unterricht. Mit besonderer Berücksichtigung des ersten Schuljahres. Leipzig 1908.

Sekundärliteratur

BAADER, Meike Sophia; JACOBI, Juliane: Ellen Keys „Jahrhundert des Kindes" als pädagogische Programmschrift des 20. Jahrhunderts. In: LARASS, Petra (Hg.): Kindsein kein Kinderspiel. Das Jahrhundert des Kindes (1900-1999). (= Kataloge der Franckeschen Stiftungen zu Halle, Bd. 7). Halle 2000.

BAUMGARTNER, Judith: Ernährungsreform – Antwort auf Industrialisierung und Ernährungswandel. Ernährungsreform als Teil der Lebensreformbewegung am Beispiel der Siedlung und des Unternehmens Eden seit 1893. (= Europäische Hochschulschriften, Reihe III: Geschichte und ihre Hilfswissenschaften, Bd. 535). Frankfurt am Main 1992.

BERG, Christa (Hg.): Handbuch der deutschen Bildungsgeschichte, Bd. IV: 1870-1918. Von der Reichsgründung bis zum Ende des Ersten Weltkriegs. München 1991.

BÖTTGER, Christian: Zum Leben in den genossenschaftlichen Siedlungen „Eden" und „Falkenberg" vom Beginn ihres Bestehens bis 1933. Eine vergleichende volkskundliche Untersuchung der Lebensweise und Kultur von Bewohnern zweier Siedlungen im Berliner Raum. (Manuskript) Berlin 1993.

FEUCHTER-SCHAWELKA, Anne: Siedlungs- und Landkommunebewegung. In: KERBS, Diethart; REULECKE, Jürgen (Hg.): Handbuch der deutschen Reformbewegungen 1880-1933. Wuppertal 1998, S. 227-244.

FLITNER, Wilhelm; KUDRITZKI, Gerhard (Hg.): Die deutsche Reformpädagogik, Band I. Die Pioniere der Pädagogischen Bewegung. Stuttgart ^{4}1984.

GEIßLER, Rainer: Die Sozialstruktur Deutschlands. Ein Studienbuch zur Entwicklung im geteilten und vereinten Deutschland. Opladen 1992.

HARTEN, Hans-Christian: Neue Menschen für eine neue Gesellschaft. Eine Geschichte der Erziehungs- und Gesellschaftsutopie in Deutschland vom Kaiserreich bis zum Nationalsozialismus. (Manuskript) Berlin 1991.

HEINS, Volker: Max Weber zur Einführung. Hamburg ^{2}1997.

HELLER, Gisela: Märkischer Bilderbogen. Als Reporterin zwischen Spreewald und Stechlin. Berlin (DDR) 1976.

HEPP, Corona: Avantgarde. Moderne Kunst, Kulturkritik und Reformbewegungen nach der Jahrhundertwende. (= Deutsche Geschichte der neuesten Zeit vom 19. Jahrhundert bis zur Gegenwart). München 1987.

100 Jahre Eden. Eine Idee wird zur lebendigen Philosophie. Herausgegeben von der EDEN-Genossenschaft e.G. Oranienburg/Berlin 1993.

KINDT, Werner (Hg.): Die Wandervogelzeit. Quellenschriften zur deutschen Jugendbewegung 1896-1919. Köln 1968.

KRABBE, Wolfgang R.: Gesellschaftsveränderung durch Lebensreform. Strukturmerkmale einer sozialreformerischen Bewegung im Deutschland der Industrialisierungsperiode. Göttingen 1974.

KRABBE, Wolfgang R.: Lebensreform/Selbstreform. In: KERBS, Diethart; REULECKE, Jürgen (Hg.): Handbuch der deutschen Reformbewegungen 1880-1933. Wuppertal 1998, S. 73-75.

KRECKEL, Reinhard: Politische Soziologie der sozialen Ungleichheit. (= Theorie und Gesellschaft, Bd. 25). Frankfurt am Main 1992.

KRZYMOWSKI, Richard: Geschichte der deutschen Landwirtschaft (bis zum Ausbruch des 2. Weltkrieges 1939) unter besonderer Berücksichtigung der technischen Entwicklung der Landwirtschaft. Stuttgart, Ludwigsburg ^{2}1951.

LANGEWISCHE, Dieter; TENORT, Heinz-Elmar (Hg.): Handbuch der deutschen Bildungsgeschichte, Bd. V: 1918-1945. Die Weimarer Republik und die nationalsozialistische Diktatur. München 1989.

Lexikon der Pädagogik in 3 Bänden, Band 3. Bern 1953.

LINSE, Ulrich (Hg.): Zurück o Mensch zur Mutter Erde. Landkommunen in Deutschland 1890-1933. München 1983.

LINSE, Ulrich: Ökopax und Anarchie. Eine Geschichte der ökologischen Bewegungen in Deutschland. München 1986.

LINSE, Ulrich: Von „Nueva Germania“ nach „Eden“. In: Bauwelt. 83(1992), S. 2453-2455.

MAMPEL, Anne-Susanne: Nationalsozialismus und Antisemitismus – Spurensuche in Eden. In: Edener Mitteilungen. Nr. 32-35 1997/98.

MEDICK, Hans: Naturzustand und Naturgeschichte der bürgerlichen Gesellschaft. Die Ursprünge der bürgerlichen Sozialtheorie als Geschichtsphilosophie und Sozialwissenschaft bei Samuel Pufendorf, John Locke und Adam Smith. (= Kritische Studien zur Geschichtswissenschaft, Bd. 5). Göttingen ^{2}1981.

MEYER-RENSCHHAUSEN, Elisabeth: Frauenbewegung. In: KERBS, Diethart; REULECKE, Jürgen (Hg.): Handbuch der deutschen Reformbewegungen 1880-1933. Wuppertal 1998, S. 167-180.

MICHAEL, Berthold; SCHEPP, Heinz-Herrmann: Die Schule in Staat und Gesellschaft. Dokumente zur deutschen Schulgeschichte im 19. und 20. Jahrhundert. (= Quellensammlung zur Kulturgeschichte, Bd. 22). Göttingen, Zürich 1993.

MOGGE, Winfried: Jugendbewegung. In: KERBS, Diethart; REULECKE, Jürgen (Hg.): Handbuch der deutschen Reformbewegungen 1880-1933. Wuppertal 1998, S. 167-180.

MOGGE, Winfried; REULECKE, Jürgen: Hoher Meißner 1913. Der Erste Freideutsche Jugendtag in Dokumenten, Deutungen und Bildern. Köln 1988.

NIPPERDEY, Thomas: Deutsche Geschichte 1800-1866. Bürgerwelt und starker Staat. München 1998.

NIPPERDEY, Thomas: Deutsche Geschichte 1866-1918, Bd. 1: Arbeitswelt und Bürgergeist. München 1998.

OELKERS, Jürgen: Erziehungsstaat und pädagogischer Raum: Die Funktion des idealen Ortes in der Theorie der Erziehung. In Zeitschrift für Pädagogik. 39(1993), S. 631-648.

OELKERS, Jürgen: Von der Welt des Émile zur Erziehungsdiktatur. In: LEPP, Nicola; ROTH, Martin; VOGEL, Klaus (Hg.): Der Neue Mensch. Obsessionen des 20. Jahrhunderts. Katalog zur Ausstellung im Deutschen Hygiene-Museum vom 22. April bis 8. August 1999. Cantz 1999, S. 37-47.

PRENGEL, Annedore; SCHMITT, Hanno: Erziehung vom Kinde aus: Reformpädagogische Versuchsschulprojekte nach 1900 und ihre heutige Bedeutung. In:

LARASS, Petra (Hg.): Kindsein kein Kinderspiel. Das Jahrhundert des Kindes (1900-1999). (= Kataloge der Franckeschen Stiftungen zu Halle, Bd. 7). Halle 2000.

RADKAU, Joachim: Das Zeitalter der Nervosität. Deutschland zwischen Bismarck und Hitler. München, Wien 1998.

ROUSSEAU, Jean-Jacques: Abhandlung über den Ursprung und die Grundlagen der Ungleichheit unter den Menschen. In: Ders.: Schriften zur Kulturkritik. Eingeleitet, übersetzt und herausgegeben von Kurt WEIGAND. (= Philosophische Bibliothek, Bd. 243). Hamburg [4]1983.

SCHEIBE, Wolfgang: Die Reformpädagogische Bewegung 1900-1932. Eine einführende Darstellung. Weinheim und Basel [10]1994.

SCHMITT, Hanno: Topographie der Reformschulen in der Weimarer Republik: Perspektiven ihrer Erforschung. In: AMLUNG, Ullrich; HAUBFLEISCH, Dietmar; LINK, Jörg-W.; SCHMITT, Hanno (Hg.): Die alte Schule überwinden: Reformpädagogische Versuchsschulen zwischen Kaiserreich und Nationalsozialismus. (= Sozialhistorische Untersuchungen zur Reformpädagogik und Erwachsenenbildung, Bd. 15). Frankfurt am Main 1992.

SCHONIG, Bruno: Reformpädagogik. In: KERBS Diethart; REULECKE, Jürgen (Hg.): Handbuch der deutschen Reformbewegungen 1880-1933. Wuppertal 1998, S. 319-330.

SCHURMANN, Robert: 100 Jahre Edener Schule – eine Chronik zusammengestellt von der Redaktion der Edener Mitteilungen. In: Edener Mitteilungen. Nr. 31/1997, S. 8.

SEGERT, Astrid, ZIERKE, Irene: Auf der Suche nach Eden. Die lebensreformerische Genossenschaft Eden an der Schwelle zum 21. Jahrhundert. Darmstadt, Frankfurt am Main, New York 2001.

WALTHER, Sigrid: Der Garten. Lebensentwürfe nach der Natur. In: LEPP, Nicola; ROTH, Martin; VOGEL, Klaus (Hg.): Der Neue Mensch. Obsessionen des 20. Jahrhunderts. Katalog zur Ausstellung im Deutschen Hygiene-Museum vom 22. April bis 8. August 1999. Cantz 1999, S. 142-173.

WEBER, Max: Gesammelte Aufsätze zur Religionssoziologie I. Tübingen 1988.

WEBER, Max: Wirtschaft und Gesellschaft. Grundriß der verstehenden Soziologie. Tübingen [5]1980.

WOLGAST, Eike: Reform, Reformation. In: BRUNNER, Otto; CONZE, Werner; KOSELLECK, Reinhard (Hg.): Geschichtliche Grundbegriffe. Historisches Lexikon zur politisch-sozialen Sprache in Deutschland. Stuttgart 1994, Bd. 5, S. 313-360.

Verzeichnis der Abbildungen

Titelbild, Abb. 2, 3:	Edener Mitteilungen
Abb. 1, 4, 5, 6, 7, 8, 9, 10:	Archiv der Obstbausiedlung Eden

Anhang

Siedlungsplan mit handschriftlichem Vermerk der Pächter (ca. 1937)

(Archiv der Obstbausiedlung Eden)

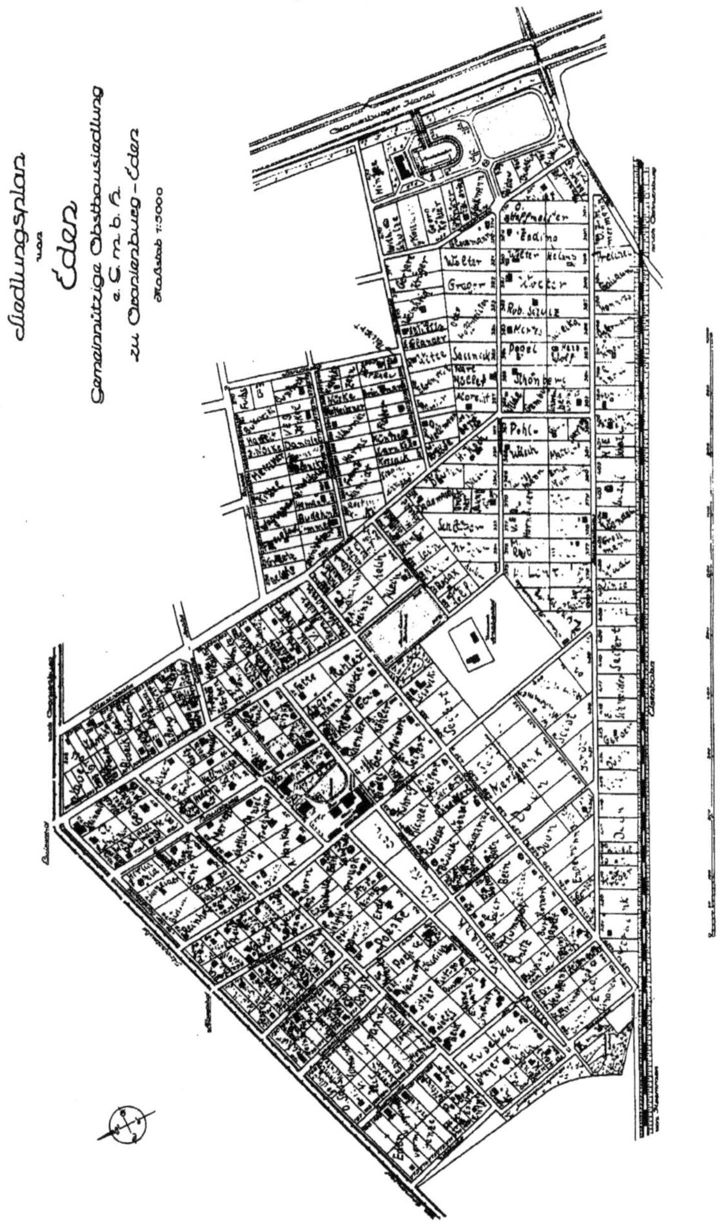

Edener Siedlerhaus

(Die Obstbau-Kolonie Eden bei Oranienburg [Berlin] als ein Beispiel erfolgreicher genossenschaftlicher Innenkolonisation begründet auf gemeinsamen Bodenbesitz und Reformen in der persönlichen wie gesellschaftlichen Wirtschaft. Eden 1910, ohne Seite).

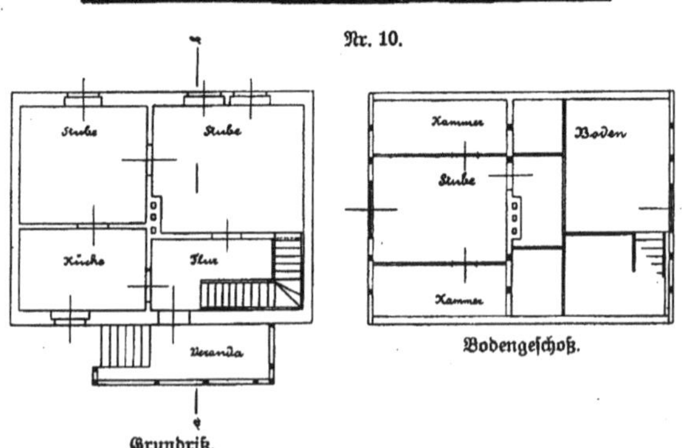

Haus auf der Heimstätte Nr. 99.
Massiv (mit Isolierluftschicht), Fachwerkgiebel, Ziegeldach, Kachelöfen.
Baukosten: 7150 Mark.

Brief Otto Kohnerts an Berthold Otto vom 26.09.1909
(DIPF/ BBF / Archiv: NL 7/OT, Mappe 100).

Am Kanal

Ein Schiff kommt gefahren. Ein Pferd ist vorgespannt, das Tau ist ganz lang. Auf dem Schiff läuft ein kleiner Junge. Der Vater steht am Steuer. Ein kleiner Kahn wird nachgeschleppt. Noch ein Schiff kommt. Zwei Pferde ziehen es. Der Fuhrmann ißt sein Frühstück. Das hat ihm seine Frau gebracht. Sie geht neben ihm. Das Schiff hat Sand geladen. In die Hundehütte springt ein klein[es] Mädchen hinein. Ein Kaninchen läuft auf dem Schiff rum. Wieder ein Schiff. Ein Mann und eine Frau ziehen es. Das ist schwere Arbeit.

Auf der anderen Seite des Kanales stehen Birken in zwei Reihen. Hell leuchten ihre weißen Stämme. Aus dem Grün der Büsche schaut die schwarze Bockmühle herüber. Sie steht still. Hinter uns steht eine Pappel. Ein Blitz hat ihr einen starken Ast abgeschlagen. Innen ist sie hohl.

Nun kommen Schiffe, die haben Segel aufgespannt, eins, zwei, drei. Da kommen sie an die Brücke und müssen den Mast niederlegen, weil die zu niedrig ist. Auch das mit Holz beladene Schiff kann nur soeben unterdurchfahren. Wir fragen den Schiffer woher er kommt und wohin er fährt. In Himmelpfort hat er Brennholz für Berlin geladen. Am Freitag ist er abgefahren und heute ist Mittwoch. Und er kommt heute nur bis Tegel. Himmelpfort! Da waren wir ja. Da wird alles wieder lebendig: der See, die Schleuse, die Sägemühle!

Nach diesem kommt ein Kahn, der hat Balken geladen. Von Oderberg nach Hamburg. Vierzehn Tage, drei Wochen, meint der Schiffer, wird es noch dauern bis er in Hamburg ist. Granit aus Schweden hat der folgende geladen. In Stettin sind die Steine aus dem Seedampfer in den Flußkahn geladen [worden]. Auf der Oder hat ein Dampfer geschleppt, auf den Kanälen Pferde. Über die Havelseen wird wieder ein Dampfer schleppen. Denn die Steine sollen nach Berlin zum Tempelhoferfeld. Eine Woche hat diese Fahrt gedauert.

Ganz hoch mit Brettern umstellt ist der nächste Kahn. Sägespäne hat er geladen. Die sollen nach Spandau. Da werden sie mit Ton zu Mauersteinen verarbeitet. Dadurch werden die Steine leichter.

Das nächste Schiff ist leer. Von Berlin fährt es nach Zehdenick, Mauersteine laden. Der Wind bläst das Segel. Aber heute kommt es nur bis Liebenwalde.

So haben wir über eine Stunde am Ufer gesessen.

Hochverehrter Herr Otto!

Von unserer einklassigen Schule in Eden ist Ihnen schon mal von Herrn Schumacher erzählt worden. Ich wäre auch schon gern mal rüber gefahren, um mich Ihnen bekannt zu machen. Aber die Fahrt ist immer zu umständlich, und vor allem ist es das späte Heimkommen. Vielleicht aber läßt es sich doch noch einrichten.

Vorstehende Niederschrift ist von mir geschrieben unmittelbar nach dem Besuch am Kanal. Die Kinder haben aber ebenfalls geschrieben. Ich bilde mir nichts darauf ein. Wollte nur versuchen wiederzugeben, was zu sehen u. zu lernen ist, beim Unterricht im Freien.

Ich erlaube mir auch, einige Arbeiten meiner Kinder beizulegen. Vielleicht haben Sie Platz dafür im Hauslehrer.

Dann habe ich noch einen längeren Aufsatz über unsere Fahrt nach Rügen von einem Mädchen der Oberstufe halbstündig gearbeitet. Muß aber noch abgeschrieben werden. Darf ich den auch schicken?

In vorzüglicher Hochachtung

Kohnert

Oranienburg, 26.9.09

Brief Otto Kohnerts an Berthold Otto vom 19.11.1913

(DIPF/ BBF / Archiv: NL 7/OT, Mappe 100).

Sehr verehrter Herr Otto,

als Lehrer an der einklassigen Schule der Obstbaukolonie Eden bin ich bemüht, die Gedanken über Unterricht und Erziehung, wie Sie sie entwickeln, sinngemäß zu übertragen. Und ich habe das Glück, verständnisvolle Eltern zu finden. Der Lehrplan bindet auch nicht so, daß gar keine Freiheit bliebe. Erschwert wird die Arbeit durch die große Kinderzahl. Aber die Elternschaft will einen zweiten Lehrer, und seit zwei Jahren betreibt die Verwaltung die Errichtung der Lehrerstelle. Die Schuldeputation Oranienburg befürwortet die Anstellung, aber der Magistrat stellt sie ein Jahr zurück, da der Etat zu ungünstig wäre.

Doch ich muß Ihnen etwas aus der Geschichte der Kolonie und der Schule erzählen, sonst verstehen Sie mich nicht.

Die Kolonie ist im Jahre 1893 als Siedlung mit genossenschaftlichem Bodenbesitz gegründet. Die Siedler wollten ihre Kinder nicht nach Oranienburg schicken, sondern sie in ihren Anschauungen erzogen wissen und gründeten eine Privatschule. Aber die Lehrer wechselten zu oft. Und 1904 wurde auf Antrag die Schule eine öffentlich-rechtliche. Der Lehrer wird von der Stadt angestellt, die Kolonie zahlt jährlich 1500 M an die Kämmereikasse, stellt Unterrichtsräume und Lehrmittel. 14 Kinder besuchten zu der Zeit die Schule. Die Kinderzahl stieg bis auf 61. Unterhandlungen mit der Schuldeputation hatten das Ergebnis, daß sie die Errichtung einer 2. Lehrerstelle beantragen wolle, wenn die Kolonie jährlich 1000 M an die Stadt zahle.

Über die Ablehnung durch den Magistrat sind die Eltern sehr entrüstet. Und es sollen Mittel u. Wege gesucht werden, unsere Schule so auszubauen, daß unsere Kinder ihren Anlagen gemäß gefördert werden können.

Bei einem solchen Suchen mit unserem Schulausschuß erbot ich mich, an Sie, verehrter Herr Otto, zu schreiben, ob Sie vielleicht einen Weg angeben könnten, der uns vom Kultusministerium her Erleichterung verschaffen könnte.

Ich bitte um Nachsicht, daß ich Ihre Zeit durch mein Schreiben in Anspruch nehme; aber vielleicht können Sie uns raten.

Sollte es Ihre Zeit erlauben, würde es mich freuen, wenn ich in mündlicher Unterredung Ihnen die Sachlage ausführlicher darstellen könnte.

In vorzüglicher Hochachtung Kohnert

Nachruf auf Otto Kohnert

(Edener Mitteilungen. 11[1916], S. 42.)

Wir Edener haben einen schweren, uns zunächst unersetzlich scheinenden Verlust erlitten! Am 13. Mai fiel vor Verdun durch Bauchschuß, der den Tod noch in derselben Nacht zum 14. Mai herbeiführte, unser lieber, treuer Genosse und Mitarbeiter, der treu bewährte Lehrer und Erzieher unsrer Jugend,

Leutnant d. R.

Otto Kohnert

Inhaber des Eisernen Kreuzes.

Wir sahen ihn im Sommer 1914 als einfachen Reservisten hinausgehen, hörten von seinem Erleben im Westen, wo er an der Aisne das „Eiserne" für Tapferkeit vor dem Feinde empfing, und nach dem Feldzuge in Serbien kam er als Leutnant zu Besuch. Dann nochmals nach schweren Kämpfen um Douaumont im April-Anfang — und nun brachte er dem ihm über alles geliebten Volk und Vaterlande das letzte, größte Opfer. Er war uns so viel in den Jahren seit 1908, wo wir ihn uns, gegen erhebliche Schwierigkeiten ankämpfend, zum Jugendbildner nach Eden holten; ein mit seinem Werke und der Größe der selbstgestellten Aufgaben wachsender, ganzer Volkserzieher! Eine Siegfriednatur voll Unbeugsamkeit und Kraft, und doch ein frohgemuter, frischer Kamerad. Aus der Höhe seines Schaffens reißt ihn das Geschick; was hätte der rastlose 40jährige uns und seiner schwer getroffenen Frau und zwei Jungen noch sein können! Wir dürfen nicht klagen, wo das ganze Volk opfert. — Diesem bis in den Tod Treuen gebührt die Krone des Lebens, — er bleibt unvergessen!

Von den Edener Wandervögeln!

(Edener Mitteilung 8 [1913], S. 49-50)

Von den Edener Wandervögeln!

Die Feier des 18. Oktobers in Vehlefanz gestaltete sich zu einer besonders schönen Kundgebung deutscher Gesinnung. Schon am Nachmittage war Unruhe im ganzen Dorf. Fröhliche Marschlieder ertönen bald hier, bald dort. Immer mehr Jugend strömte herein. Das waren Wandervögel. Die Edener Ortsgruppe hatte eingeladen, mit ihr und den Vehlefanzern diesen Gedenktag zu feiern. Und viele folgten dem Ruf und marschierten nun von allen Seiten her in ihren einzelnen Trupps oder „Horden", wie sie das nennen, heran. Im evangelischen Jugendheim lag der Generalstab. Hier wurden für die einzelnen Horden die besonderen Anweisungen und die Quartierzettel ausgegeben. 500 Mann sollten untergebracht werden. Bei den Bauern in Heu und Stroh natürlich.

Gegen 8 Uhr abends war so ziemlich alles versammelt. Fröhliches Leben herrschte auf der Dorfstraße. Froh begrüßten sich die Horden und das bei solcher Gelegenheit besonders schöne unerwartete Wiedersehen alter Freunde und Wandergefährten ließ auch bei den Unbeteiligten herzliche Mitfreude erwachen. Inzwischen waren auch die Vehlefanzer auf die Beine gekommen. Der Kriegerverein, Schule, die Bauern, Frauen und Mädchen, und was sonst lustig und beinig war. Schon rückte man ab zum Festplatz auf den Steinberg.

Unter dem brausenden Sang „Flamme empor!" loderte das Feuer auf zum strahlenden Nachthimmel. Man gedachte dann der Zeit vor hundert Jahren und freute sich der herrlichen Lösung ihrer Aufgaben, freute sich aber auch alles dessen, was uns noch geblieben ist als Aufgabe unserer Zeit, das schon jenen führenden Geistern vor hundert Jahren als ein Ideal vorschwebte. In besonders begeisternden Worten gedachte der Vehlefanzer Pastor der vergangenen Großtaten. Zeit vollends in der versammelten Gemeinschaft erwachen, so daß sie sich als Glieder eines Ganzen, eines Volkes fühlten; sie, die Leute aus dem Dorf, Bauern mit dem Pflug oder mit dem Spaten (Edener) und die Wandervögel, das junge Volk aus den Städten, das sich so heraussehnt in ländliche Landschaft und in das einfache köstliche Landleben. — Als so das Feuer niedergebrannt war, rückte man in wohlgeordneten Scharen wieder ins Dorf, und hier öffneten sich nun nicht nur die Häuser, sondern auch Scheunendielen und Heuböden, um die vielen Gäste, die Wandervögel, einschlüpfen zu lassen. —

Sonntag früh war auf dem Gemeindeanger der große Feldgottesdienst. Festpredigt und Festlieder gaben der Alle beseeligenden Stimmung Ausdruck, dem Dank gegen Gott für das Gut, das dem Germanen das Höchste ist, die Freiheit.

Die Wandervögel trieben dann am Nachmittag ihr fröhliches, so recht aus der innersten Volksseele heraus geborenes Wesen. Zunächst war Heerschau. Da kam man zusammen, die einzelnen Ortsgruppen und Horden für sich geschlossen, und mit frohem Heilgruß wurde jede Horde aufgerufen.

Dann gab man sich frohem Sang, Spiel und Tanz hin. Das war wie ein Volksfest in alter Zeit. Ueberall Jugendlust und Fröhlichkeit. Schon die einfache. natürliche und farbenprächtige Kleidung, die die Wandervögel sich auch wieder zu eigen gemacht haben, gibt ein schönes Bild. Und die Gestalten selbst, daran konnte man noch viel mehr seine Freude haben. Man merkte, daß sie auf dem rechten Wege sind, das Einfache, Gediegene und allein Wertvolle überall zu suchen und zu neuem Leben zu erwecken.

Welch ein Bild war das, als nun ohne alle Vorbereitungen alles noch einmal zu einem großen Kreis sich sammelt auf dem Platz unter der mächtigen Kastanie und nun die in den Kreis traten, die es in sich fühlten, daß sie dem, was alle beseelte, besonders schön Ausdruck zu geben vermochten.

Da sangen Horden aus Steglitz und aus West-Berlin, daß es manchem wohl erst im innersten aufgegangen ist, was es heißt: singen. Da quollen die Harmonieen hervor nicht aus dem Kopfe, sondern aus der Brust, und man merkte, hier ist nichts Angelerntes, nichts Erkünsteltes, sondern man singt hier, wie man's auf dem Herzen hat.

Herzerfreuend war auch der Abschied von den gastfreien Vehlefanzern. Ueberall sah man die Wandervögel, 10—12 Mann hoch, mit ihren Wirtsleuten in Küche oder Stube zusammensitzen, und die Bauersleute gaben von dem Besten was sie hatten, Kaffee und Kuchen und ein herzfrohes nimmer ermüdendes: „Langt doch zu, Leute!" Die Wandervögel hatten ja auch von ihrem Besten gegeben. Ihre Lieder, ihre Tänze. Und doch; ist doch auch all' das vom Volke genommen. Nur daß das Volk diese seine Kinder vernachlässigt, ja wohl gar verstoßen hat, um Fremdes aus der Stadtkultur dafür einzutauschen.

Und nun kommen die Wandervögel und bringen alle diese guten alten Schätze in neuem Glanz erstrahlend ihrem Volke wieder. Es ist zu hoffen, daß auch bei uns in der Mark solche Art, Feste zu feiern, ebenso wieder erstehen möge, wie in anderen Gauen unseres Vaterlandes. Deutsches Volk, wahre deine eigne Art! Das ist der Spruch, der die Wandervögel in so nahe herzliche Beziehungen gerade zur Landbevölkerung treten läßt. R.

Besichtigungsprotokoll der Edener Familienschule 1928

(Schulrat Wolff an Regierung Potsdam vom 01.11.1928 [Regierung Potsdam II N Nr. 544]).

Besichtigung der Familienschule in Oranienburg-Eden am 28. Oktober 1928

Eden ist die Reformerkolonie bei Oranienburg. Die Schule umfaßt jetzt drei Jahrgänge, die drei untersten Klassen. Die Schule liegt wunderschön im Grünen eingebettet, von großen freien Plätzen umgeben. Die Ausstattung ist dank der außerordentlich großen Opferfreudigkeit der Eltern ganz modern: Tischchen und Stühle. Das Ganze so etwas wie ein kleines Landerziehungsheim. Die Kinder sind feine Menschen, offen, mit hellen Augen, ohne jede Scheu, auch äußerlich gut gekleidet. Der Lehrer Herr Brinkmann ist Edener Kind, ein Mensch der Jugendbewegung. So liegt über dieser Schule warme Sonne, und die Besichtigung – an ihr nimmt die Nachfolgerin Brinkmanns und die Vorsitzende der Elternschaft teil – bringt ein paar Freudenstunden, mir und den Kindern.

1. Jahrgang. Wir rechnen im Kreise 1 – 10 alle möglichen Aufgaben. Ich spiele mit den Kindern das Kegelspiel: 9 Kegel sind, die Kugel wirft 4 um, wieviel bleiben stehen? Die Kinder zeigen genügende Fertigkeit. Wir lesen ein noch nicht gelesenes Stück der Fibel. Die Kinder zeigen

auch hier genügende Lesefertigkeit. Bei der Unterhaltung über das Gelesene und bei der Darstellung zeigen sich recht erfreuliche Leistungen.

2. Jahrgang. Herausgeben auf eine Mark beim Einkauf. Die Kinder stellen sich kleine Aufgaben und lösen sie befriedigend. Der kleine Daumerling wird genügend gelesen.

3. Jahrgang. Rechnen des Einmaleins, die Kinder sind sicher. Herausgeben auf 50 RM beim Einkauf, erst einer Ware, dann zweier Gegenstände. Genügende Sicherheit. Wir lesen Onkel Qualm. Wir unterhalten uns darüber. Ich diktiere drei Sätze: Onkel Qualm hat eine rote Mütze. Sein Mantel ist weit. Seine Pfeife raucht wie ein Schornstein. – Die Kinder leisten in allem Genügendes und besser.

So hat die Schule das eigentlich Schulische genügend geleistet. Darüber hinaus aber: Die Kinder sind völlig unverschult. Sie stellen nett dar, sind lebendig im Spiel, sprechen ihre Gedichte erfreulich natürlich, zeichnen viel mehr und besser als der Durchschnitt sonst, sind geschickt in Handfertigkeit. Der Lehrer hat mit Lust und Fleiß gearbeitet. Ein Manko: Das Zusammenarbeiten der Klasse leidet noch durch das Vordrängeln einzelner; die Kinder ermüden auch überraschend schnell bei geistiger Arbeit.

Schreiben Kolonie Eden an Ministerialdirektor [Kästner] vom 27.11.1928

(Abschrift zu II.D.8. 1361; Regierung Potsdam II N Nr. 544).

Betr. Eden Schule: Unterstützungsantrag.

Sehr geehrter Herr Ministerialdirektor.

Auf den Rat von Herrn Oberstadtschulrat W. Paulsen, Steglitz, wende ich mich in folgender Angelegenheit an Sie:

Wir haben in unserer genossenschaftlichen Siedlung Eden (die eine halbe Stunde von Oranienburg entfernt ist und etwa 800 Einwohner hat), eine kl. Familienschule, d.h. zunächst nur 3 Grundschulkassen, Ostern 1929 soll die 4. Grundschulklasse hinzu kommen. Die Schule wird z. Zt. von 26 Kindern besucht. Ab Ostern werden es vielleicht 35-40 sein, dann voraussichtlich viel mehr. Z.Zt. haben wir nur eine junge Lehrerin. Für Ostern wäre eine neue erfahrene Lehrkraft nötig, die die ganze Sache in die Hand nimmt. Auf die geeignete Persönlichkeit käme es an. Denn mit dem Lehrer steht und fällt die Schule.

Könnte die Schule vielleicht dadurch eine staatl. Unterstützung erhalten, daß ein tüchtiger Lehrer mit modernen Bestrebungen und Methoden hierher beurlaubt würde? Vielleicht kann man schon nach wenigen Jahren die Entwicklung der Schule übersehen. Die Bedingungen sind hier günstig. Ein neues, nett gelegenes Schulhaus ist vorhanden, und die Kinder sind aus gesunden Verhältnissen.

Die Siedlung Eden ist auf bodenreformerischer Grundlage aufgebaut. Sie besteht 35 Jahre. Die Bewohner fanden sich in sogen. lebensreformerischen Bestrebungen zusammen. Sie sind Tabak- und Alkoholgegner, z.T. Vegetarier.

An sich gehört Eden zu Oranienburg, insofern, als es dahin die Steuern zahlt. Aber von Oranienburg hat Eden nie eine Unterstützung.

Die Schule (Gebäude und Lehrkraft) wird vollständig von den Genossen erhalten. Die Eltern zahlen 60 und die Genossenschaft 75 jährlich für 1 Kind. Mehr könnten beide Teile aber nicht leisten. Die Bevölkerung gehört dem kl. Mittelstande an, und die Genossenschaft, die ihre Einnahmen aus Pachten und genossenschaftl. werbenden Betrieben (Marmeladenfabrik, Konsum- und Versandabteilung) bezieht, hat noch an Wohlfahrtseinrichtungen und Verpflichtungen auf sich (Bücherei, Sport, Unterstützungen an Bedürftige - für Wegebauerhaltung waren in diesem Jahre allein 20000 aufzubringen).

Es wäre bedauerlich, wenn Volksgenossen, die aus eigenen Antrieben so viel zum gemeinsamen Wohle leisten, nicht Unterstützung fänden, wodurch sich ihre Kräfte und Möglichkeiten verdoppelten.

Die Eltern hier sind sehr opferwillig und an der kleinen Schule interessiert. Der Wunsch geht dahin, die Kinder am Ort zu behalten und die Schule vielleicht als eine Art Versuchsschule aufzubauen. Entwickelung und Ziel solcher Anstalt wäre nicht zu übersehen. Alles hinge von den uns zu Gebote stehenden Mitteln und von einer gediegenen Lehrerpersönlichkeit ab.

Wegen der gesunden Lage Edens und der recht gesunden Tendenzen, die hier herrschen, würde es schließlich auch ein günstiger Aufenthaltsort für fremde Kinder, die hier in den Familien mitaufwachsen und die Edner Schule mitbesuchen könnten.

Meine Frage geht also dahin: Besteht eine Möglichkeit, einen Lehrer hierher zu beurlauben? Oder gibt es eine andere, um staatliche Mittel in irgendeiner Form zur Unterstützung der Schule zu bekommen? Welche Wege wären einzuleiten, damit bis Ostern etwas erreicht würde?

Zu einer Besprechung stehe ich jederzeit zur Verfügung.
In Erwartung Ihrer gefl. Antwort bin ich in ausgezeichneter Hochachtung

Unterschrift

Entwurf zu einem Schulgebäude für die Obstbaukolonie Eden, Oranienburg (August 1921)

(BLHA, Rep. 2A Regierung Potsdam II N Sonderakte Nr. 545: Schulbau der Obstbausiedlung Eden/Oranienburg.)

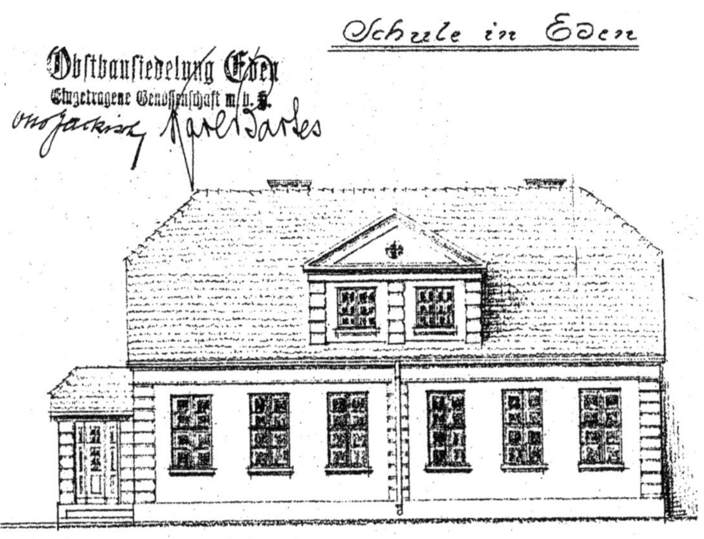

Südseite.

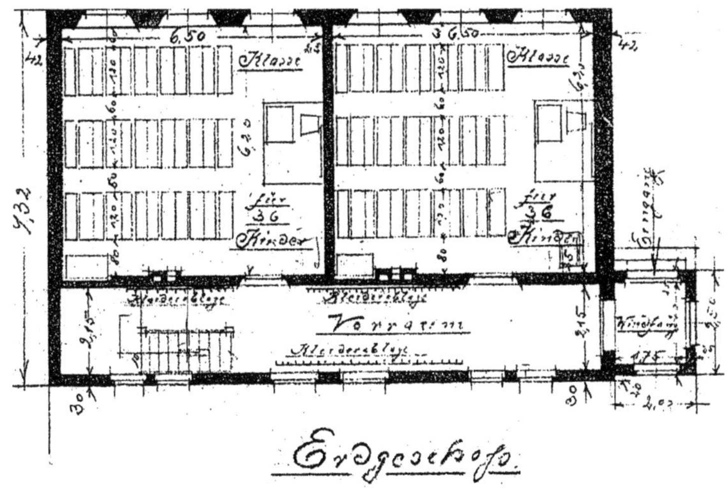

Titelblatt der letzten Nummer der Edener Siedlungszeitschrift

34. Jahrgang

Weihnachten 1939

Das Licht im Westen stirbt und fällt, im Osten steigt es auf –
Und nichts und niemand in der Welt hemmt Deutschlands Siegeslauf.

Bildungs- und kulturgeschichtliche Beiträge für Berlin und Brandenburg

1 **Hanno Schmitt / Frank Tosch (Hrsg.): Erziehungsreform und Gesellschaftsinitiative in Preußen 1798–1840**
ISBN 3-89693-128-8 • 186 Seiten • 18 Abb.

2 **Inge Hansen-Schaberg: Koedukation und Reformpädagogik.** Untersuchung zur Unterrichts- und Erziehungsrealität in Berliner Versuchsschulen der Weimarer Republik
ISBN 3-89693-136-9 • 274 Seiten • 6 Abb.

3 **Joachim Joe Scholz: „Haben wir die Jugend, so haben wir die Zukunft".** Die Obstbausiedlung Eden/Oranienburg als alternatives Gesellschafts- und Erziehungsmodell (1893–1926)
ISBN 3-89693-217-9 • 128 Seiten • 16 Abb.

4 **Judith Büschel: Edith Geheeb.** Eine Reformpädagogin zwischen pädagogischem Ideal und praktischem Schulmanagement
ISBN 3-89693-401-5 • 130 Seiten

5 **Frank Tosch (Hrsg.): Friedrich Gedike (1754–1803) und das moderne Gymnasium.** Historische Zugänge und aktuelle Perspektiven
ISBN 978-3-89693-512-0 • 179 Seiten • 18 Abb.

6 **Hanno Schmitt / Frank Tosch (Hrsg.): Neue Ergebnisse der Rochow-Forschung**
ISBN 978-3-89693-539-7 • 189 Seiten • 23 Abb.

7 **Frank Tosch (Hrsg.): Heinrich Julius Bruns (1746–1794).** Interpretationen – Quellen
ISBN 978-3-89693-732-2 • 270 Seiten • 44 Abb.

8 **Frank Tosch / Hubert Illig (Hrsg.): „Und wir waren wie eine große Gemeinschaft …!".** Beiträge und Quellen zur Jena-Plan-Pädagogik an der weltlichen Schule in Finsterwalde am Ende der Weimarer Republik
ISBN 978-3-89693-777-3 • 335 Seiten • 69 Abb.

9 **Frank Tosch / Stefan Kipf / Andreas Fritsch (Hrsg.): Friedrich Gedike (1754–1803). Aufklärer – Schulreformer – Publizist.** Bildungshistorische Reflexionen – Quellen
ISBN 978-3-89693-808-4 • 203 Seiten • 8 Abb.